AF256785

Du même auteur

Du temps de Bonnard, Ides et calendes, Lausanne, 2008

Caravaggino, Cohen&Cohen, Paris, 2017

Jean-Philippe Brunet

Cadavres et demi-dieux
de la peinture romantique française

de David à Delacroix

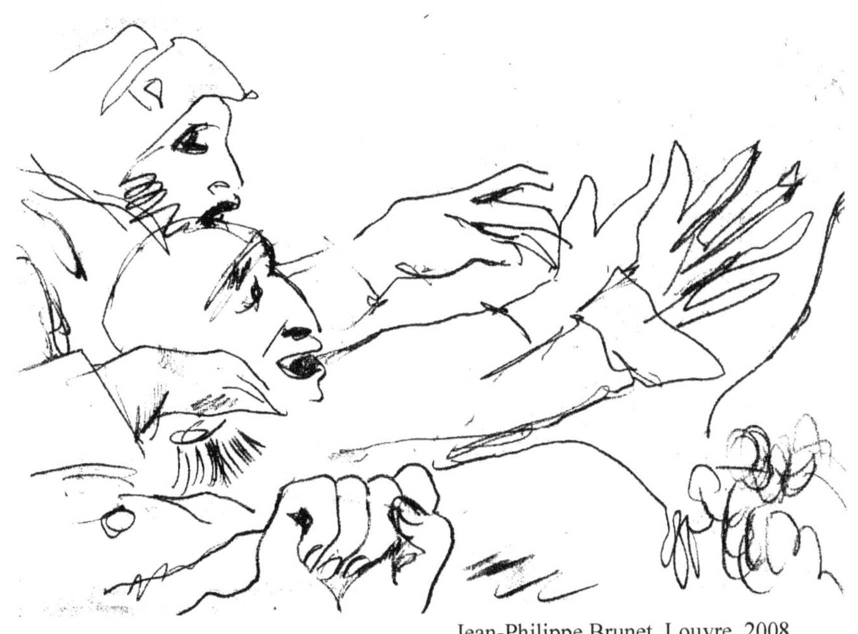

Jean-Philippe Brunet, Louvre, 2008

ISBN : 978-1-7322420-0-5

Images : Antoine-Jean Gros, *Bonaparte visitant les pestiférés de Jaffa*, Théodore Géricault, *Le radeau de la Méduse*, Paris, musée du Louvre, Juanpdp, Pq32, Wikimedia Commons.

Grands formats

Lorsque le faste royal se fut tourné du côté de Versailles à la fin du XVIIe siècle, le palais du Louvre, peu entretenu, était devenu obscur, nauséabond. Des fumées et des brouillards montaient du fleuve ; des échoppes étaient venues s'accrocher au pied des murailles du côté de la grève qui n'était pas encore un quai. Les guichets du Louvre, féconds en gargotes, attiraient une foule curieuse, avide et pittoresque. La prostitution s'y étalait, débauchant les étudiants de l'Académie qui faisaient grand tapage et se colletaient avec les portiers. Venues visiter les artistes logés à demeure, les femmes du monde, sorties poudrées et emperruquées de carrosses qui attendaient dans la cour, montaient des escaliers branlants et traversaient de sombres corridors, empuantis par l'odeur des écuries et des latrines qui se déversaient le long de la colonnade, avant de pénétrer dans les ateliers entourés de mystère.

Peintres, sculpteurs, orfèvres, tapissiers, ébénistes et armuriers avaient été admis à s'installer au Louvre depuis Henri IV. Mais après la Régence leur nombre s'accrut, à la Convention il doubla, et bientôt ce fut l'envahissement général. Chacun maçonnait des cloisons, criblait de trous l'architecture du palais, creusait des gaines de cheminée ou des cages d'escalier ; dans le vieux palais du Louvre devenu garenne il n'était pas de rapin qui n'eût son enclos.

Dans ces logis parasites et insalubres, les artistes vivaient au mépris de l'hygiène et les risques d'incendie se multipliaient.

— Ils vont finir par foutre le feu à mon musée ! s'emportera Napoléon qui fera nettoyer ces écuries d'Augias de la peinture où étaient entreposés les trophées de ses campagnes.

En juillet 1798, les premiers convois d'objets d'art envoyés d'Italie avaient fait leur entrée triomphale dans Paris. Les caisses contenant les fossiles de Vérone, les marbres lourds du

Laocoon, l'Apollon du Belvédère mais aussi la *Transfiguration* de Raphaël, les *Noces de Cana* de Véronèse, l'*Assomption* et d'autres peintures de Titien, avaient oscillés sur des chariots bas tirés par des chevaux à la crinière en brosse comme ceux du Parthénon. Et à ce cortège en fête, aux voix d'acteurs de théâtres lyriques chantant des hymnes d'allégresse, auxquels se mêlaient les cris de la foule ivre de joie qui accompagnait le défilé jusqu'au champ de Mars, s'ajoutaient les rugissements des lions, des tigres et des panthères enfermés dans des cages au-dessus desquelles se balançaient des palmiers et d'autres essences exotiques venues d'Orient.

Au rythme des conquêtes de l'Empire, les collections de ce qui allait devenir le Grand Louvre s'accrurent. Bientôt, des Pays-Bas, des Flandres, d'Italie, d'Allemagne et d'Autriche, tous les *Phares* de Baudelaire vinrent croiser leurs feux dans la grande galerie restaurée.

Attirés par ces lumières, des étudiants, cartons à dessin sous le bras, des femmes avec leurs enfants, des vieillards appuyés sur leur canne, s'acheminèrent vers cette nouvelle école pour peindre et dessiner dans le long couloir, véritable ruche d'activité encombrée de tréteaux, de toiles et de châssis. Et de ce côtoiement inespéré de Rubens, Corrège, Titien et Véronèse naquit une génération d'artiste sans maître.

Sitôt obtenu sa carte de copiste du musée Napoléon, Théodore Géricault se met devant les antiques, les Rembrandt, les Rubens, les Titien. Tout était là, excepté ce qu'on n'avait pu arracher aux murailles, s'émerveillait Eugène Delacroix. Ce n'est pas l'ironie mais le regret qui perce dans cette réserve. Arracher Michel-Ange aux murs de la Sixtine avec la sauvagerie et la férocité du *Lion déchirant le corps d'un Arabe allongé*, on devine que la patte de Delacroix l'eût fait. Lui qui pour « jaser avec la muraille » aura tant à batailler contre l'enduit et l'humidité, il se serait repu de ces murs immenses.

À cet amoncellement de peintures et de marbres venus de Rome, s'ajoutaient, de l'autre côté de la Seine, entassés dans le fécond désordre d'un ancien couvent comme les corps des naufragés sur le radeau de la Méduse, les statues des tombeaux et des églises vidées par la Révolution. Rassemblés par Alexandre Lenoir dans le Musée des Monuments Français, les lourds parpaings, les socles, les statues de saints mouchetées de couleurs par les vitraux, donnaient l'impression d'une procession farouche montée des âges chrétiens.

Des églises françaises pillées par la Révolution, puis de celles, flamandes et italiennes, rançonnées par Bonaparte, sortit ainsi de quoi nourrir d'images toute une nouvelle génération. Le cumul imposant et monumental provoquait le télescopage des anciennes valeurs et inspiraient à tous un sentiment de grandeur qui coïncidait avec le soulèvement des armées de l'Empire. Dans la poussière et l'empilement gothique des monuments français, naissait aussi la passion des romans noirs. L'âme était émue par un frisson nouveau. Un élan spirituel, libéré des diocèses, la disponibilité d'une ferveur sans emploi mêlés à l'irritation des conquêtes allait porter les peintres au devant de toiles immenses, brûlante comme un désert, gercée comme des plaines, éperdue comme un naufrage : les grands formats de la peinture française.

Lorsqu'en 1830 on ressortira au Luxembourg ces toiles d'Empire qui avaient passé les années de la Restauration tournées contre le mur comme des mauvais élèves, Alfred de Musset sera enthousiasmé. Sitôt rentré chez lui, il rédige deux articles pour *Le Temps*. Il venait de voir se lever, plus grands que nature, les vestiges des conquêtes napoléoniennes qu'il allait évoquer dans sa *Confession d'un enfant du siècle* : des cadavres et des demi-dieux.

Aujourd'hui, dans l'aile Denon du Louvre, répartis entre les salles Daru et Mollien tendues de rouge, les grands formats de la peinture française nous apparaissent dans l'étrangeté de leur formation : immenses, épais, craquelés, jaunis ou noircis, cramoisis par endroit comme si le sang riche qui avait gonflé les veines révolutionnaires de David et fait battre les cœurs romantiques de Gros, Géricault et Delacroix, s'était coagulé sur leurs toiles, mêlant son épaisseur à celle du bitume. Comme si, après tant d'années, irrésistiblement attirés par le destin nocturne auquel ils aspirent, leur grand sujet, la mort, les avait rejointes.

Flottant un peu comme des voiles dans l'armature de leurs cadres, Delacroix remarquait déjà combien leurs proportions contribuent à la puissance de ces tableaux si hauts qu'il faut s'éloigner pour les voir. Cet « effet que produit la dimension des personnages et leur donne quelque chose d'effrayant » dont parle Delacroix dans son journal à propos de Géricault[1] est souvent occulté par les reproductions ; pris lors de l'évacuation des grands formats du Louvre en 1939, un cliché montrant le *Radeau de la Méduse* de Géricault sortant tête-bêche par la Porte des Lions, accastillé comme un voilier quittant le port, permet d'en rendre compte.

À l'entrée de la salle Daru, l'Andromaque de Jacques-Louis David qui se lamente sur le corps de son mari Hector fait face à l'Endymion de Girodet qui s'enfonce voluptueusement dans son rêve sans fin. Signes complémentaires de l'errance dans d'autres mondes, l'héroïsme guerrier côtoie l'abandon de soi, la mort accompagne la volupté comme elle le faisait chez les Baroques, comme elle le fera chez les Romantiques – et encore chez le jeune Courbet où le sommeil et la mort se donnent volontiers la main.

Les frères Horaces de David prêtent leur Serment, puis viennent les Sabines devant lesquelles Baudelaire était saisi d'un respect enfantin. Plus avant, assis au bord du lit où gît sa

[1] Jeudi 20 octobre 1853. Eugène Delacroix, *Journal*, Paris, Plon, 1996.

femme morte, le Marcus Sextus de Pierre-Narcisse Guérin regarde fixement devant lui tandis que Clytemnestre s'approche d'Agamemnon endormi, poignard en main.

Dans le parc de Plessis-Chamans qui fait autour d'elle comme une cathédrale de verdure, Christine Boyer incline son visage vers la rose qu'elle a laissé échapper au bas du tableau d'Antoine-Jean Gros et qu'emporte la cascade tourbillonnante. En face, chassée du paradis, la famille crispée de Girodet tente d'échapper au Déluge.

Le salon Denon sert de charnière entre la salle Daru, dite Néoclassique, et la salle Mollien, dite Romantique.

Dans les hauteurs de Jaffa, un drapeau français coiffe une citadelle sur fond de ciel jaune veiné de bleu. Du sommet de cette éminence, le rempart de la vieille ville, étagée de terrasses et bossuée de mosquées, s'écroule vers la mer. Là, sous les arcades gothiques d'un lazaret syrien, la main nue de Bonaparte effleure la chair maladive du pestiféré de Gros qui se dresse devant lui, tandis qu'en face la main gantée de Napoléon plane sur le champ de bataille d'Eylau telle un oiseau blessé.

Sorties de l'obscurité, d'autres mains épient à la lisière des manteaux et des couvertures des soldats du champ de bataille d'Eylau. Des gestes s'esquissent. De sous la voûte de sa capote, un soldat nous adresse un salut d'adieu ; ses doigts fléchis ne s'écartent des paumes qu'a regret, comme des mots suspendus au bord des lèvres.

À droite, les naufragés du radeau de la Méduse de Géricault s'enfoncent dans la nuit africaine. À l'arrière du radeau, le cadavre d'Hector de David, les côtes saillantes et la barbe naissante, a la tête renversée. Allongé en travers, l'Endymion de Girodet a troqué ses sandales à lanières pour des chaussettes tombantes et son père qui lui passe un bras autour du corps a l'air résigné du Marcus Sextus de Guérin.

Car, comme dans les *Correspondances* de Baudelaire, tout s'anime et se répond entre ces piliers vivants que sont les grands formats de la peinture française, forêt de symboles où se distinguent de confuses paroles, des gémissements de désespoir, et aussi la voix oubliée de Bonaparte.

Avec sa patte de derrière piquée dans la terre glaise, la comète de sa queue attachée à une croupe lunaire, la bouche égarée et l'œil colère, le cheval du chasseur de Géricault monte à l'assaut de l'univers. En face, le Virgile de Delacroix, qui a pris à David la couronne de laurier et le pli tombant de la bouche d'Hector pleuré par Andromaque, bascule dans la barque de Dante assaillie de formes menaçantes. Sur fond de ville incendiée, les dos musculeux se tordent sous le firmament, les dents se fichent dans le bois, des pupilles sanglantes des pestiférés de Gros montent aux flancs de l'embarcation de Delacroix, tandis que sur le devant l'athlète à la dérive prolonge le songe d'Endymion pour qui la volupté a fait place à la damnation telle que la concevait Michel-Ange.

Quelques mètres plus loin, la Liberté dépoitraillée brandit le drapeau tricolore au sommet des barricades de 1830 (parmi les cadavres empilés sur le pavé de Paris, Endymion déguenillé n'a plus qu'une chaussette) ; la main de Byron sort de sous les ruines de Missolonghi ; Les croisés fourbus qu'une éclipse a enténébrés ne franchissent plus les portes de Constantinople qu'à la nuit tombante; Sardanapale allongé sur un divan regarde avec indifférence le massacre de ce qui avait fait sa grandeur.

Il est significatif qu'Antoine-Jean Gros soit le seul peintre présent à la fois dans la salle Daru et la salle Mollien. Entre Néoclassicisme et Romantisme, la postérité lui assigne en effet le rôle de *passeur*. La formule d'Élie Faure, « Gros, passage angoissé de l'immobilité de David au tumulte de Delacroix », est à cet égard la plus connue[2]. Mais si Delacroix sera souvent tumultueux, David ne fut pas toujours immobile.

Comme Baudelaire l'avait deviné, pour retrouver *l'austère filiation du romantisme*, projet qu'il avait formé dès 1845 avant de l'abandonner, il faut remonter à David et nous partirons de lui.

Le XVIIIe siècle allait finir. On s'ennuyait des boudoirs de Boucher et des balançoires de Fragonard. Les boudoirs s'étaient vidés, les balançoires s'étaient arrêtées. Puis David était venu et les chevaux hennissant de Diomède avaient rué dans la lumière. C'est le cheval de Troie du romantisme qu'à son insu David avait failli faire entrer dans les enceintes de l'École avant de mettre en scène la lourde pompe des cérémonies révolutionnaires et de s'imposer la discipline inflexible de l'antique.

Mais bientôt, par les fenêtres restées ouvertes de l'atelier de David, Gros laisse entrer le soleil. Le vent qui souffle va dénouer les chevelures, chiffonner les étoffes, faire bouffer les cravates, agiter les crinières et fouetter les queues des chevaux engagés dans les batailles.

Dès 1800, son esquisse de Bonaparte à l'assaut du pont d'Arcole avait fait passer un frisson nouveau. Have, pale, le visage allongé, les lèvres minces, la taille svelte et les cheveux au vent, le jeune général menait romantiquement l'armée à la victoire. Foulard noir et collet rouge, c'étaient les couleurs de Stendhal montées à l'assaut d'Arcole. Mais peu après, le portrait de Christine Boyer, belle-sœur de Bonaparte, si pensive sur le tableau du Louvre – morte à vrai dire quand Gros la peint dans le parc de Plessis-Chamans –, dévoile l'envers du décor. Il part à la guerre, elle songe à la mort, et c'est la même inclinaison du visage, presque les mêmes traits dirait-on, les deux revers d'un même portrait qui disent

2 Élie Faure, *Histoire de l'art*, Volume 4, Paris, Crès & Cie, 1921.

l'ambivalence, la dualité, le passage, le sillage élusif d'un parfum riche et funèbre par quoi on respirait alors le romantisme avant de le nommer.

Alors que ce sont surtout les thèmes de Girodet qui sont romantiques, Gros investit son drame personnel dans la peinture. Le suivre, comme nous le ferons, c'est se laisser emporter par la vague déferlante du romantisme. Car Gros est dans tous ses personnages. Il est à la fois Bonaparte s'élançant courageusement à la victoire et Christine Boyer périlleusement abandonnée au bord du courant. Il est la flamme et il est l'eau ; il est le drapeau que le général mène à la victoire et il est le tourbillon qui entraîne la rose. D'attaque sur le pont avec les soldats, il errera dans le bois du bas Meudon hanté par l'idée de la mort.

Son suicide par noyade lui assure une longévité dans les annales du romantisme werthérien. Mais le romantisme de Gros n'est pas dans la pâleur de la lune ni les jardins blanchis, non plus que dans l'épopée hugolienne des mondes, il est dans l'impossibilité de se rejoindre.

L'intrusion du monumental dans la sphère de la pitié provoque un contraste puissant dont Gros a compris la portée et qu'au retour de son voyage dramatique en Italie il va mettre au service de l'actualité qui était celle des campagnes de l'Empire. Napoléon fut son Jules II. Mais entre les marbres michelangelesques de Jaffa et d'Eylau, il fait circuler le courant d'une entente minutieuse et secrète, d'une autre nature mais non moins forte que celle qui, chez Raphaël, va de la Vierge à son enfant, de sa chair chaude à la chair lumineuse, de sa main potelée au regard qui s'incline, autant de contacts dont Gros lui-même n'a cessé d'éprouver la nostalgie.

Et ce contact maintenu entre les morts et ceux qui ne le sont pas encore prend soudain beaucoup plus d'importance que la parade des généraux autour de l'Empereur. À l'avant de ses toiles, au niveau de la ligne de nos regards, Gros a plaqué des mains monstrueuses comme s'il avait voulu parler à notre oreille un langage qui n'était plus seulement celui de l'Histoire, ni même des campagnes napoléoniennes, encore moins celui de propagande impériale avec laquelle on a fini par identifier sa peinture dont on s'est tant servie à des fins polémiques[3].

— Mais toi-même, pauvre grand artiste, qu'es-tu devenu ? a-t-on envie d'interjeter comme le fit Michelet en introduction à ses cours de 1847-48 au Collège de France[4].

Michelet parlait de Géricault.

[3] Frappé par les accents déchirants que son départ précipité en Italie tirent de Gros, séparé de sa mère, rongé de remords, plongé dans le désespoir, en proie au doute et plus tard incapable de « vivre un engagement esthétique autrement qu'en drame personnel », Philippe Bordes en 1978 appelait de ses vœux une psychobiographie de Gros qui aiderait à « mieux comprendre les vicissitudes de l'œuvre parfois décevant » (Philippe Bordes, *Antoine-Jean Gros en Italie (1793-1800) : Lettres, une allégorie révolutionnaire et un portrait*, Bulletin de la Société de l'art français, 1978 (1980), p. 221-244). Les études publiées depuis n'ont pas suivi ce chemin. Posant la falsification volontaire de l'Histoire comme un fait acquis, on a fait de Gros un instrument de propagande aux mains de Napoléon. Si souvent repris au point de devenir synonyme de sa peinture, ce thème s'inscrit dans une évolution de la critique, anglo-saxonne principalement, qui dans des ouvrages par ailleurs bien documentés et richement illustrés s'est emparé de l'art français du début du XIXe siècle pour dénoncer les méfaits du discours occidental (ainsi Darcy Grimaldo Grigsby, *Extremities : painting Empire in post-revolutionary France*, Yale University Press, 2002, pour laquelle « les représentations érotiques de l'esclavage, la révolte, la peste, la décapitation, le cannibalisme, le massacre et l'enlèvement représentés dans les peintures de Girodet, Gros, Géricault et Delacroix, balisent l'histoire de l'empire et la politique coloniale d la France »).

[4] Jules Michelet, *David-Géricault - Souvenirs du Collège de France (1846)*, Paris, Revue des Deux Mondes, 138, novembre 1896, p. 241-242.

Alors que Gros se tournait vers la lumière et faisait briller des éclats du soleil sur les champs de bataille, Géricault, parti explorer une veine sombre abandonnée par David, va s'engager dans une galerie désaffectée où des cadavres antiques ont les bras qui tombent et des serments sont restés inachevés.

À la chute de l'Empire, le meurtre et l'horreur enflent les faits divers ; Saturne dévore ses enfants dans une société hagarde où Homère est devenu journaliste. Géricault, avant Baudelaire, a perçu cet effroi, l'avidité des sensations fortes. Des exécutions attirent la foule. Des porcs s'abreuvent du sang de Fualdès sauvagement assassiné. Géricault trempe son pinceau dans la lie des passions, la noirceur des desseins, l'encre des journaux. Des cadavres encombrent son œuvre.

Il faudra attendre Delacroix pour que se relèvent les demi-dieux dans ses décorations murales qui prolongent les grands formats du Louvre.

Immobilisé sur son grabat a la fin de sa courte vie, Géricault se plaignait souvent de ce qu'il n'avait pu accomplir: « La peinture comme je la voudrais, confiait-il, avec des baquets de couleurs et des murailles de cent pieds. »

Dès son retour du Maroc, Delacroix va reprendre ce programme avorté de Géricault. Monté sur les échafaudages avec les couleurs de Gros, il part a l'assaut des murailles qui font battre son cœur. Brandissant cobalt, chrome et vermillon, il éclaire les écoinçons, les parois convexes des hémicycles, les recoins des chapelles, la surface bombée des coupoles. Les traits d'esprit, les saillies, les reparties que le dandy éparpillait dans les soirées mondaines et le salon de Gérard que fréquentaient Stendhal et Mérimée, le peintre les met sur le tard au service des décorations des édifices publics et des églises – « L'esprit est l'ennemi du génie », disait déjà David à Girodet.

Aujourd'hui, sous la coupole du Sénat, la femme de Sénèque dont le sang coule à l'Assemblée nationale, montre toujours à Marc-Aurèle les charbons ardents qu'elle a dévoré pour mourir avec lui. Et la cassette de bijoux répandus sur le sol aux pieds d'Alexandre sur l'hémicycle du palais du Luxembourg, on la retrouve sous la main d'Héliodore sur la muraille de la chapelle des Saints-Anges de Saint-Sulpice fraîchement restaurée. Comme les grands formats du Louvre, les décorations murales de Delacroix se répondent elles aussi à travers Paris.

Le bras d'Hector que pleure l'Andromaque de David salle Daru, qui racle le sol du lazaret de Jaffa de Gros et pend du radeau de Géricault salle Mollien, il est celui du Christ de Delacroix que la Vierge pleure dans l'église Saint-Denys du Saint-Sacrement rue de Turenne; c'est le bras blessé de la peinture romantique française.

— Mais toi-même, pauvre grand artiste, qu'es-tu devenu ? Je vois tes membres comme ton œuvre, dispersés épars, mutilés ! tempêtait Michelet agrippé à son pupitre du Collège de France comme les naufragés de la Méduse à leur radeau.

Soulevé par la vague révolutionnaire de 1848, Michelet avait lancé tout son poids dans la bataille, jeté sa main vers ce point indistinct où, au fond de la salle, là-bas, il discernait le salut de la France. « Il ne faut pas que la Révolution reste extérieure... Il faut qu'elle aille au fond de l'homme, qu'elle agisse sur l'âme... qu'elle soit une Révolution du cœur», martelait-il. Au-delà du genre de la peinture d'Histoire, de l'analyse du contexte socioculturel de l'époque, de la propagande des régimes successifs, de la politique des Salons et du système des Beaux-Arts fort bien analysés ailleurs[5], cette injonction de Michelet pourrait servir à qualifier l'élan romantique tel que l'incarnait Gros et tel que nous l'envisageons ici.

5 Par exemple, Christopher Prendergast, *Napoleon and History Painting : Antoine-Jean Gros's* La bataille d'Eylau, Oxford, Oxford University Press, 1997 ; plus récemment l'ouvrage majeur de David O'Brien, *Antoine-Jean Gros peintre de Napoléon*, Paris, Gallimard, 2006 – le titre original, non traduit, *After the Revolution: Antoine-Jean Gros, Painting and Propaganda Under Napoleon*, University Park, Penn State University Press, 2006, reflète plus clairement le thème récurrent de O'Brien qui fut le sujet de sa thèse de doctorat – ; plus récemment encore les analyses pénétrantes de Sébastien Allard et Marie-Claude Chaudonneret dans *Le suicide de Gros, Les peintres de l'Empire et la génération romantique*, Paris, Gourcuff-Gradenigo, 2010.

Madame Andromaque

Jean-Antoine Gros était miniaturiste, son fils Antoine-Jean Gros (1771 – 1835) peindra parmi les plus grands tableaux de la peinture française ; *Les Pestiférés de Jaffa*, la *Bataille d'Eylau* et la *Bataille d'Aboukir*, que Delacroix appelait ses trois filles immortelles, font respectivement sept, huit et dix mètres de long.

Du troisième étage de l'immeuble où habitait la famille Gros, 7 rue Neuve des Petits Champs[6], on apercevait par les fenêtres de l'atelier du père les écuries du duc d'Orléans à l'angle de la rue Vivienne. De sorte que très tôt, dans Paris, Antoine-Jean put observer quotidiennement les chevaux dont les robes et les mouvements occuperont une place si importante dans sa peinture.

Enfant, il circule au milieu des chevalets, des pinceaux, et des couleurs dont se servaient ses deux parents, car aux portraits miniatures de son père s'ajoutaient les dessins et les pastels de sa mère. Dans leur cabinet de tableaux, que prisaient les amateurs, l'œil passait des maîtres hollandais aux Flamands, de Boucher à Fragonard.

Son père, qui avait de l'ambition pour son fils, l'emmenait souvent visiter la galerie Le Brun rue du Gros-Chenêt (aujourd'hui rue du Sentier). Jean-Baptiste-Pierre Le Brun, peintre et marchand de tableaux, était à la fois un voisin et une connaissance de la famille Gros. Lorsqu'il les invita à rencontrer Elizabeth Vigée avec qui il venait de se marier – la future grande portraitiste Elizabeth Vigée-Lebrun qui, mandée à Versailles, allait faire le portrait de Marie-Antoinette dont elle deviendra l'amie et la confidente –, celle-ci se prit

---

[6] Justin Tripier Le Franc, *Histoire de la vie et de la mort du Baron Gros*, Paris, Jules Marin et J. Baur, Libraire de la Société de l'Histoire de l'Art français, 1880.

d'affection pour Antoine-Jean. « J'avais connu Gros qu'il avait
à peine sept ans; à cette époque je fis son portrait, et j'eus lieu
de reconnaître dans ses yeux enfantins son amour pour la
peinture, et même son avenir comme grand coloriste », écrira-
t-elle plus de cinquante ans plus tard dans ses *Souvenirs*[7].

À la maison, le jeune garçon se plie docilement aux
exercices de dessin que son père, exigeant, lui fait répéter de
nombreuses fois jusqu'à ce que l'exécution en soit sans faille –
alors qu'Antoine-Jean n'avait que sept ans, rapporte Tripier-
Lefranc, il lui fit recommencer jusqu'à dix-huit fois un pied
qu'il dessinait d'après Carle Van Loo.

Cette exigence, qu'Antoine-Jean retrouvera plus tard chez
son maître David, ne fut pas sans impressionner sa sensibilité.
Lorsque, adolescent, il s'essaiera à faire le portrait de son père,
il ne pourra pas supporter son regard et le peindra de profil.

Entre l'atelier familial, les écuries du duc d'Orléans et les
tons chauds du salon parfumé de madame Vigée-Lebrun qui le
prenait sur ses genoux, l'enfant tenait déjà autour de lui les
éléments qui allaient éclairer sa peinture : l'allure du cheval, la
tendresse des affections et la chaleur des coloris. À ces
lumières s'ajoutera bientôt l'éclat de l'astre de David.

Car lorsque le 25 août 1783 son père l'emmène au Louvre
pour lui choisir un maître, ce n'est pas vers la *Paix ramenant
l'abondance* d'Elizabeth Vigée-Lebrun que se précipite
Antoine-Jean, son petit bras tendu, ni vers l'*Éducation
d'Achille par le centaure Chiron* de Jean-Baptiste Regnault.

— Madame Andromaque ! s'écrie le jeune garçon qui n'a
que onze ans.

Parmi toutes les peintures qui tapissaient le Salon carré où
se tenait ce qui s'appelait encore le Salon de l'Académie royale

[7] Louise-Elisabeth Vigée-Lebrun, *Souvenirs*, vol. 2, Paris,
Charpentier et Cie, 1869 ; édition illustrée, Patrick Weiller,
Cohen&Cohen éditeurs, 2015.

des beaux-arts avant de devenir le Salon de peinture et de sculpture à la Révolution[8], Gros désignait du doigt *La douleur et les regrets d'Andromaque sur le corps d'Hector son mari* de Jacques-Louis David.

Pour son morceau de réception à l'Académie, David s'était inspiré de cet épisode de l'Iliade d'Homère qui conte la douleur d'Andromaque après que le Troyen Hector fut tué par le Grec Achille pour venger la mort de Patrocle.

Au chevet d'Hector allongé, Andromaque a posé sa main, paume ouverte, sur celle repliée de son époux mort, comme une voix plaintive sur une voix plus grave.

Ma flamme par Hector fut jadis allumée
Avec lui dans la tombe elle s'est enfermée

semble-t-elle nous dire avec Racine.

L'Andromaque de 1783 n'a pas la sobre éloquence des femmes du Serment des Horaces que David commencera l'année suivante ; le drapé de sa robe n'a pas encore pris le pli antique. Mais la pièce est déjà éclairée par cette lumière verdâtre dont Baudelaire dira qu'elle est la traduction bizarre du vrai soleil.

Quant à Hector, remonté du royaume des morts, il circulera dans la peinture romantique à venir. Quarante ans plus tard il prêtera ses traits au Virgile de Delacroix debout sur la barque de Dante secouée par les damnés, et nous le retrouverons allongé à l'arrière du *Radeau de la Méduse* de Géricault.

[8] Une gravure de Pietro Antonio Martini montrant le Salon de 1787 témoigne de l'encombrement des toiles dans le Salon carré. Accroché en bas, à la hauteur des regards et donc bien placé, on discerne la *Mort de Socrate* que David présentera cette année-là au Salon.

Mais avant d'aborder aux rivages romantiques, avant même de gésir aux côtés d'une Andromaque néoclassique, Hector était apparu dans une œuvre de jeunesse de David d'inspiration Rococo, les *Funérailles de Patrocle*.

Dans cette grande esquisse peinte à Rome en 1778, les personnages de l'Iliade avancent dans un décor à la Watteau tandis qu'au loin la tempête secoue les vaisseaux grecs. Tout ici annonce un grand départ, mais il ne s'agit plus de s'embarquer pour Cythère. Car à Naples David avait eu un autre éblouissement : après Rome, atteindre les Grecs, à travers Raphaël[9]. Peindre comme on parlait à Sparte, demandait déjà Diderot.

Aussi le Hector devant lequel Jean-Antoine Gros et son fils s'étaient arrêtés n'était-il plus le héros voluptueusement abandonné des *Funérailles de Patrocle* de 1778 mais celui cadavérique de 1783, les côtes sorties, le nez busqué, et qui a pris la teinte de sa couronne de lauriers.

À ses côtés, Astyanax, incliné comme le glaive d'Hector et à peine plus haut que lui, s'avance vers sa mère, le bras tendu en manière de petit serment, et c'est ce même geste que le jeune Antoine-Jean dût avoir dans le salon carré du Louvre. Mais alors que le père de Gros entreprend les démarches pour faire entrer son fils dans l'atelier du maître, David retourne à Rome peindre le *Serment des Horaces*.

Dans cet austère chef-d'œuvre, le petits bras potelé d'Astyanax, tendu vers sa mère dans *La douleur et les regrets d'Andromaque*, fera place à ceux des frères Horace réunis en faisceau pour frapper la paume ouverte de leur père qui recule, tandis que derrière, sur fond d'arcades froides et de lumière de soupirail, les femmes s'amoncellent dans la douleur.

La douleur des femmes des Horaces sera celle d'Antoine-Jean dont l'admission à l'atelier du grand peintre est retardée

---

[9] Louis Hautecœur, *Louis David*, Paris, La Table Ronde, 1954.

par le départ de David[10]. Ce délai plonge le garçon dans un état d'agitation extrême. Il tombe malade et croit mourir de désespoir, réaction exagérée d'enfant hypersensible qui annonce déjà son rapport particulier avec ce qui se retire et dont sa peinture portera toujours les stigmates.

J'avais entrevu le bonheur, écrira Gros d'Italie à sa mère. Entrevoir, c'est la façon dont le monde apparaît à Antoine-Jean Gros, ce qui le met en contact, fugitivement, avec quelque chose qui est loin, qui s'éloigne, ou qui fuit, qu'il ne saisira pas, mais dont subsiste le brillant souvenir. À la faveur d'un déchirement, le peintre entrevoit quelque chose ; alors il plonge, c'est une fuite en avant.

De retour de Rome, David accepte Gros dans son atelier.

Dans un coin ténébreux du vieux Louvre, c'est par des escaliers roides et étroits qu'on accédait à l'atelier des Horaces où sévissait l'âpre sévérité de l'école néoclassique[11]. Contre le mur était appuyée une échelle qui montait jusqu'à un œil de bœuf ; un poêle en fonte réchauffait les chairs refroidies des modèles d'académie ; un carquois étrusque était accroché au bras d'une statue grecque.

Les étudiants de David s'astreignaient à la mise au carreau. Tous avaient conscience d'appartenir à une nouvelle école. Car

---

[10] Si David repart à Rome pour y peindre le *Serment des Horaces*, c'est en partie pour accompagner Jean-Germain Drouais, son élève favori qui vient de décrocher le Prix. David vouait une amitié idolâtre à Drouais, dont le talent fut si exceptionnel. À sa mort prématurée en 1788, David et ses élèves feront élever un mausolée dans l'église romaine Santa Maria in via Lata à la mémoire du jeune homme.

[11] Etienne-Jean Delécluze, *Louis David, son école et son temps*, Paris, Didier, 1855 ; édition préfacée et annotée par Jean-Pierre Mouilleseaux, Paris, Macula, 1989.

la mise au carreau a une signification qui va au-delà de la technique du dessin. C'était le style inflexible de la vertu et de la droiture, une ascèse, presque une morale. Là où l'on ne verra bientôt plus qu'une antiquité figée, une Grèce dépourvue d'élan vital, soufflait un vent fort aux yeux du public, des critiques et de la jeunesse d'alors. « On se ferait difficilement une idée de ce qu'était alors la toute puissance du préjugé en faveur de David », rappellera Delacroix dans son essai sur Gros[12].

Toutes les nuits désormais Gros travaille d'acharné, calfeutrant les fenêtres de sa petite chambre afin que son père, qui imposait un horaire strict à la maison, ne détecte pas la lumière. Cette veilleuse allumée dans la nuit à l'insu du regard paternel, tendre infraction à l'autorité qu'il vénère, anticipe ce qui, dans l'art de Gros, lui appartient le plus typiquement, la lisière d'une liberté à l'ombre d'une contrainte.

L'émulation était grande dans l'atelier des Horaces, et la discipline stricte. L'atmosphère martiale qui y régnait ne convenait guère à la sensibilité d'Antoine-Jean, fragile en dépit de sa stature déjà imposante. Cependant, Anne-Louis Girodet, son aîné de quatre ans, le prend sous son aile et il se lie avec François Gérard qui peint son portrait (Gros peindra le sien).

Élève doué, Gros progresse rapidement sous la tutelle de David qui le cite en exemple à ses camarades. Mais en 1792, après quatre années d'études acharnées, il échoue au concours pour le prix de Rome.

[12] Eugène Delacroix, *Gros*, Revue des Deux Mondes, 1848 (rep. in *Œuvres littéraires*, T. II *Essais sur les artistes célèbres*, Paris, ed. Élie Faure, Crès & Cie, 1923).

Profond chagrin, sombre et poignante tristesse, écrit Justin Tripier-Lefranc dans son Histoire de la vie et de la mort du Baron Gros, ouvrage rare et monumental[13].

L'échec au concours s'aggrave du fait que l'existence même du Prix semble compromise par la Révolution qui s'amorce. Aussi Gros voit-il s'éloigner ses chances de concourir de nouveau et de pouvoir bénéficier d'une pension à l'Académie de France à Rome, étape obligée de la carrière d'artiste.

Puis les événements s'accélèrent brutalement. La révolution gronde, le père de Gros, ruiné, meurt, et c'est la Terreur. Le carton à dessins que Gros porte sous le bras pour aller au Louvre lui assure une relative tranquillité. Mais le 20 juin 1792, à vingt mètres de chez lui, un homme poignardé tombe à ses pieds.

Commotionné, Gros décide alors d'aller à Rome par ses propres moyens. Cependant, le 13 janvier 1793, l'Académie de France à Rome où se trouve Girodet devenu lauréat en 1789, est mise à sac. Gros n'en quitte pas moins Paris en février. Devant se procurer les papiers nécessaires au périple, il descend dans le sud de la France et va de ville en ville, Nîmes, Montpellier et Marseille. Des complications dans le libellé de son passeport l'empêchent d'embarquer pour Gênes ; presque tout de suite il est à cours d'argent et doit vivre de son pinceau.

À Montpellier au printemps 1793, un client lui est présenté et il peint son premier tableau loin du regard tutélaire de David, le *Portrait de Paulin des Hours de Calviac*. On y voit

---

[13] Justin Tripier Le Franc, *Histoire de la vie et de la mort du Baron Gros,'op. cit*. Ému par la destruction des archives de la Seine et de la préfecture de Police par les incendies de la Commune de 1870, cet ancien secrétaire du préfet de police de Paris, époux de la nièce d'Elizabeth Vigée-Lebrun, deviendra membre fondateur de la Société de l'Histoire de l'Art français et s'emploiera à la publication d'archives inédites sur les artistes, dont son ami Gros sur le suicide duquel il enquêta.

l'enfant qui déboule de la campagne, serrant dans sa main droite un oiseau qu'il vient d'attraper. Tandis que le chapeau dont il s'est servi pour sa capture roule sur le sol, les rubans flottent derrière lui comme s'il courait encore, le cœur de l'oiseau palpitant dans le creux de sa main comme une promesse de bonheur.

La chemisette à dentelle du jeune Paulin est éblouissante, ses yeux brillent, sa moue enfantine s'encadre de cheveux longs comme ceux d'une fille. Mais au loin des nuages s'amoncellent sur fond de ciel gris, le chapeau brun a roulé sur la prairie assombrie par l'orage, et un grand pan de feuillage noir s'étend derrière le jeune garçon comme l'aile d'un plus grand oiseau qui va le rattraper. L'alternance des tons, tantôt brillants, soudain sombres, jette leur éclairage sur la nature contrastée d'Antoine-Jean, dont le romantisme naissant se teinte d'influence anglaise.

Car, à cette même époque, dans un croquis à l'encre brune, Gros brosse *Young auprès du cadavre de sa fille*, une scène de la *Troisième Nuit* d'Edward Young que la traduction abrégée de Le Tourneur avait rendu populaire en France dès 1769. On y voit le poète effondré sur la tombe de sa fille Narcissa qu'il serre dans ses bras et dont la forme du corps à peine esquissée fait un petit linceul dans les ténèbres.

Dans son excellent article sur l'émergence de thèmes anglais dans les premières peintures de Gros, Paul Joannides remarque que le traitement, en 1793, par un artiste français d'un sujet tiré de la littérature étrangère est virtuellement sans précédent[14]. Le choix de ce thème funèbre des Nuits de Young atteste de l'originalité du peintre, lorsque la liberté lui en est donnée.

[14] Paul Joannides, *Some English Themes in the Early Work of Gros*, Burlington Magazine, 117, 1975, p. 774-785.

Comme ce sera souvent le cas désormais, ce dessin préparatoire (à Florence Gros en fera une peinture; la toile est perdue) acquiert une signification particulière à ce moment de la vie du peintre. Non seulement Narcissa serait effectivement morte à Montpellier, mais surtout les mots de Young résonnent étrangement avec la sombre mélancolie qui bientôt s'emparera de Gros parti de Paris en y laissant sa mère ruinée et sa sœur qu'il adore : « Au milieu de la nuit … je me suis enfui comme un coupable… »[15].

[15] Edward Young, *Les nuits d'Young*, traduit par Pierre Le Tourneur, Paris, Lejay, 1769.

Funérailles de Patrocle

Vingt ans plus tôt, le départ de David pour Rome avait eut lieu dans des circonstances bien différentes mais non moins dramatiques. Car avant de trouver sa voie, fonder ce qu'il est convenu d'appeler l'école néoclassique, et finalement devenir cet astre froid que Baudelaire verra en lui, David était lui-même passé par bien des épreuves.

Il avait d'abord essuyé trois échecs consécutifs au concours et ces revers l'avaient conduit au bord du suicide. Ce n'est qu'en 1774, avec *Érasistrate découvrant la cause de la maladie d'Antiochius*, qu'il décroche le premier prix.

Accompagné de Vien qui devait remplacer Natoire à la tête de l'Académie de France, David s'était alors mis en marche vers Rome. Le parcours qui l'y mène, Parme, Bologne et Florence, lui ouvre les yeux si bien qu'en arrivant à destination, selon ses propres dires, il était honteux de son ignorance.

À Rome David se met furieusement à dessiner, et plutôt que dans ses peintures c'est dans ses dessins que l'on suit le mieux le choc entre la manière française, le baroque, Raphaël, et l'antique[16].

Car on trouve dans la jeunesse de David une fécondité de moyens et comme une surabondance de possibles qui se traduit par une fièvre.

Cette fébrilité se mesure dans un très grand dessin révélé en 1958 par Werner Hofmann[17]. Dans ce dessin à la plume rehaussé de blanc des *Combats de Diomède*, les chevaux

[16] *David e Roma*, Académie de France à Rome, Rome, De Luca Editore, 1981.

[17] Werner Hofmann, *Un dessin inconnu de la première époque de J.-L. David*, Gazette des Beaux-Arts, 51, 1958, p. 157-168.

piaffent, roulent dans la poussière, leurs crinières ruissellent, les soldats courent dans toutes les directions, le glaive levé, le casque empanachés, les chevelures ondulantes, des chars s'entrechoquent, plusieurs épisodes sont représentés à la fois dans un mépris total de l'unité classique de temps et de lieu. Débordement des thèmes, ébullition de la manière, fougue du tempérament : à Rome, David, précurseur en cela de Géricault, apprendra à se discipliner et à se contraindre.

À Rome encore, incertain, tempétueux, David brosse d'un pinceau rebelle les *Funérailles de Patrocle*, éclairées au projecteur et traversées de lueurs[18]. Dans cette grande esquisse peinte où, attaché par les chevilles à un char dont les coursiers se cabrent, Hector roule dans la poussière aux pieds d'Achille, les funérailles sont celles d'un siècle qui s'achève. Fragonard y est aux prises avec les aspirations d'un autre âge, et dans ce passage du flambeau, les formes, bientôt néoclassiques, se tordent encore sous le fouet galant du XVIIIe siècle.

Hector, dont le cadavre n'est pas encore prêt à faire son entrée dans l'Académie, a la pose à la fois académique et langoureuse des amants enchaînés de Füssli[19], ses jambes entrelacées épousant la courbure harmonieuse des contours du

[18] La toile ne fut retrouvée qu'en 1972. Robert Rosenblum, *David's Funeral of Patroclus*, Burlington Magazine, 115, 1973, p. 567-77.

[19] En conclusion de son article, Werner Hofmann fait se rejoindre dans leur adoption du maniérisme David et Johann Heinrich Füssli, le peintre zurichois des Cauchemars qui résidait à Rome entre 1770 et 1778 et qui devant les fresques de Michel-Ange avait songé à Shakespeare. Ce rapprochement entre le premier David et Füssli (ils se retrouveront à Paris en 1802), par lui-même provocateur et riche en possibilités, est également signifiant dans le contexte de l'influence que Füssli aura des années plus tard sur Girodet, et par son intermédiaire, nous le verrons, sur Gros.

char d'Achille cerclé d'or et capitonné de soie comme un petit boudoir.

Et le Rococo français, ce que David appelait ses mauvaises influences, flambe encore dans le plumage blanc du casque d'Achille, le rouge de sa toge, le bleu de son habit, le jaune de la tenture qui couvre à demi le corps de Patrocle. Mais les animaux que l'on amène au sacrifice, les princes troyens que l'on traîne par les cheveux jusqu'à l'autel sacrificiel d'où ils seront hissés au sommet du bûcher ordonné par Agamemnon, enveloppent ces funérailles d'une atmosphère de sourde fatalité qui hantera le marché aux bestiaux de Géricault, où un exécutant au torse musculeux, une tunique rouge autour de la taille, lève son gourdin à l'ombre d'un mur.

Quant au troyen nu derrière lequel un bourreau biblique brandit un couteau ensanglanté, affalé sur l'autel, la nuque offerte, avec ses cheveux qui gouttent sur le côté comme le sang d'une blessure, jeune, pâle et vulnérable, il est un lointain cousin de la femme de Delacroix à la nuque ployée dont la chevelure blonde fait aux portes de Constantinople comme un soleil tombé. Par un effet, non plus de recul vers le passé mais de projection vers l'avenir, il incarne déjà l'abattement romantique des héros sacrifiés. Avec Patrocle renversé sur le genou d'Achille et Hector nu tourné à demi sur le côté, il forme un élément d'une trilogie orientée qui dynamise la scène par un mouvement d'étirement et de giration, sorte de tourbillon contre lequel cogne une houle humaine, verte et tumultueuse comme les vagues de la mer.

Mais de cette tempête, David fera un dessus de table. Car en juillet 1797, à Naples, sur les lieux mêmes où les disciples de Winckelmann se pressaient autour des fresques d'Herculanum et de Pompéi, David aura une révélation. Après Rome, atteindre les Grecs, à travers Raphaël.

La surexcitation, l'irritabilité et les fatigues que lui cause cette découverte sont extrêmes. « ... J'ai passé bien des nuits à pleurer sur mon insuffisance : ma main était inhabile à rendre ce que mon esprit rêvait », avouera-t-il à son élève Delafontaine. « J'eus encore de bien mauvais jours, de grands abattements, des mécomptes cruels, des angoisses affreuses, mais cependant j'avais la confiance que je me sauverais et l'ardeur de ma volonté fit le reste. »

Angoisse, illumination, esprit, volonté : cette lucidité nouvelle survenue après les fièvres apparente la découverte de David à celle du cogito cartésien. Tout désormais sera certitude, et David sera chef d'école.

Dans l'atelier des Horaces du Louvre, on avait accroché le *Serment* rapporté de Rome et auxquels s'ajoureront bientôt d'autres grands tableaux dont la *Mort de Socrate*, où l'on voit Platon effondré, soudainement vieilli, s'asseoir sur une caisse de bois brut, celle-là même sur laquelle David inscrira « A Marat David, l'An Deux ».

Car la Révolution allait momentanément éclipser l'Antiquité.

Quand il peignait les Funérailles de Patrocle, David ne se doutait pas que sous la Terreur on dresserait à nouveau les bûchers d'Agamemnon et que le sang coulerait en abondances dans les chevelures.

Grand ordonnateur des spectacles révolutionnaires[20], le peintre régicide saura déployer les artifices des grandes compositions spectaculaires que lui avait inspirées Homère. Interrompant les gestes graves dans des salles austères et l'application des théories de Winckelmann, Hercule paradera affublé d'un bonnet phrygien.

Des statues géantes se dressèrent dans Paris. Un colosse de vingt pieds de haut, lourd et trapu, des crapauds énormes

---

[20] En janvier 1793, David vote la mort du roi. Elu à la convention, il préside le Club des Jacobins et devient membre du Comité d'instruction publique et de la Commission des arts.

rampant à ses pieds se leva sur l'esplanade des Invalides. À la Bastille une statue de la Régénération qui avait vaguement la forme hiératique des statues égyptiennes pressait de ses mains deux énormes mamelles d'ou jaillissait un liquide épais et noir. Place des Invalides, du haut d'une montagne artificielle, un Hercule géant jetait un regard terrible sur la foule qui se pressait en bas, ondulante en vagues successives, ou subitement chaotique et désordonnée comme une fourmilière qu'on écrase.

Juché sur un chariot à roue tiré par des bœufs, le Triomphe du Peuple français circulait de station en station. Sur ses genoux il portait la Liberté et l'Égalité, tandis que sur le devant se tenaient la Science, l'Art, le Commerce et l'Abondance. Au front du Triomphe s'imprimait en gros caractères: *Lumière* ; sur sa poitrine : *Nature*, *Vérité* ; sur ses bras, *Force*, ainsi que l'avait décrété la Convention.

— Et il aura en main cette massue terrible dont les anciens armaient leur Hercule ! s'était exclamé David, membre du comité de sûreté générale, grand ordonnateur des cérémonies révolutionnaires et que ses difficultés d'élocution n'empêchaient pas de discourir pendant des heures à la tribune.

Au serment des Horaces succédera celui du Jeu de Paume, puis la tête d'Hector roulera sur le côté pour devenir celle de *Marat*.

La blessure du troyen pleuré par Andromaque se retrouvera identique sous la clavicule de l'ami du peuple laissé pour mort par Charlotte Corday dans l'eau rougie de la baignoire. Et c'est au bout du bras mort d'Hector que la main de Marat s'efforce d'écrire encore.

Posée sur une caisse en bois rugueux placée devant la baignoire, une plume d'oie tend son petit bras blanc accusateur vers le corps de Marat comme pour demander vengeance. Après celui des romains et des conventionnels, c'est le serment des choses[21]. Derrière, rien, le décor inconnu de l'avenir, une surface nue sur le fond de laquelle Baudelaire verra voltiger une âme.

Car la mort semble ici une libération, une naissance. Alors que dans l'action tant de personnages de David apparaîtront figés, Marat va au devant de la mort comme à la rencontre d'un destin. Le mouvement s'en ébauche ; sur ses lèvres, telle l'éclosion d'une fleur, naît l'esquisse d'un sourire.

David a fait du révolutionnaire une Joconde. Pourtant, l'homme était affreux. « Cette chose jaune, verte d'habit, ces yeux gris jaunes, si saillants !... C'est au genre batracien qu'elle appartient à coup sûr, plutôt qu'à l'espèce humaine. De quel marais nous arrive cette choquante créature ? », s'effarait Michelet[22].

La planche clouée du *Marat* est éclatée par endroit et le couteau homicide abandonné sur le sol par Charlotte Corday a le manche rougi. Pour le sang qui coule sur la toile écrue blanche, il avait fallu, dit-on, égorger un poulet. Cette attention de David prêtée à la matière anticipe Courbet. Marat aux chairs terreuses attendra plus d'un demi-siècle le fossoyeur d'Ornans. Entre temps auront grondé bien des révolutions, en peinture aussi.

[21] Chez David, les objets sont parfois plus éloquents que les personnages. Ainsi la corbeille à ouvrage posée sur la table des *licteurs rapportent à Brutus le corps de ses fils* où Brutus, le coude levé, le bras replié et le pied torve, s'enfonce dans l'ombre de ses fils morts portés dans l'atrium, tandis qu'à droite, sa femme en pleurs tend le bras et ses filles chancellent. Étonnamment mise en relief, posée en évidence au centre de la toile comme un petit sphinx de tissu allongé, la corbeille se présente à nous comme une énigme.

[22] Jules Michelet, *Histoire de la Révolution*, tome I, Paris, Gallimard, Bibliothèque de la Pléiade, 1952.

Italie

En mai 1793, après un voyage mouvementé au cours duquel il est rançonné par des corsaires, Gros débarque à Gênes le jour de la Pentecôte. Le temps est affreux. Ne connaissant personne, il court la ville et entre dans les églises.

Les tableaux, qu'il trouve laids, lui montrent beaucoup de saints, « tous martyrs ou martyrisés », comme il l'écrit à sa mère[23]. Quant à l'académie des beaux-arts, il n'y voit que des plâtres antiques mal rejoints, des figures grecques estropiées. Bientôt, isolé, sans argent, le climat intérieur de Gros se détériore.

C'est alors qu'il pousse la porte de l'église du Gesù et tombe en arrêt devant *Saint Ignace guérissant les démoniaques* de Rubens.

Ce qui frappe d'entrée dans ce tableau de la chapelle Carrega ce n'est pas tant le saint lui-même, debout en haut des marches la tête au ciel et les bras écartés, que les contorsions de la femme démoniaque. Tête rejetée en arrière et s'arrachant les cheveux, c'est elle que Gros met en exergue dans son dessin à l'encre pris sur le vif où est inscrit « Rubens à l'Ambrogio ».

La première impression, si forte, qui naît de ce tableau de Rubens, on la devine capitale pour Gros. Pour la renouveler, il revient tous les jours dans l'église du Gesù. « Je défie tous les plus dévots de rester aussi longtemps que moi devant le Saint Ignace », écrit-il le 25 mai 1793 à sa mère.

Sans l'homme arc-bouté qui lui enserre la taille d'un bras musculeux, la démoniaque tomberait à la renverse, comme nous manquons le faire au Louvre face aux immenses

---

[23] Philippe Bordes, *Antoine-Jean Gros en Italie (1793-1800) : Lettres, une allégorie révolutionnaire et un portrait, op.cit.*

compositions de Gros où les contorsions des personnages du premier plan contrastent puissamment avec le geste du personnage central, calme et en retrait. Le simple fait d'écarter les bras confère en effet à Saint Ignace une capacité d'intervention miraculeuse, parce qu'immédiate. Son geste a sur Gros épuisé et démoralisé l'effet salvateur qu'aura celui de Bonaparte effleurant de sa main la poitrine du marin hagard des *Pestiférés de Jaffa*.

Car les circonstances qui conduisent devant une toile exacerbent parfois l'expérience qu'on en a. Dans le cas de Gros parvenu ce jour de Pentecôte devant le *Saint Ignace* de Gênes, elles furent dramatiques, et on peut penser que la violente émotion qu'il en ressentit laissera dans son œuvre une empreinte d'autant plus profonde.

Outre la démoniaque pliée en arrière, une autre femme blonde, à droite, s'incline en tournant la tête vers l'enfant qui s'agenouille. Ce mouvement de torsion est repris et amplifié, plus bas encore selon la diagonale indiquée par le bras gauche de Saint Ignace, par la femme penchée sur un nouveau-né allongé, de sorte que la succession des figures dans l'espace donne l'impression d'une scène qui se déroule dans le temps.

Le bras droit du saint, dont la paume de la main est tournée, s'écarte selon l'autre diagonale qui aboutit au coin gauche de la toile. Si bien que l'inclinaison respective des deux bras de saint Ignace indique sommairement la structure de la composition, stratagème qui se retrouvera dans *Les Pestiférés de Jaffa*.

Ce qui dans le tableau de Rubens évoque encore les futures compositions de Gros, c'est l'éloquence des mains. Tendues, suppliantes, paumes ouvertes et doigts écartés ou fermées en poing, les mains sont un langage dont les murmures, les plaintes et les cris se feront entendre dans *Les pestiférés de Jaffa*, *La bataille d'Eylau*, *La bataille d'Aboukir*, plus tard encore à l'occasion du départ de Louis XVIII et de l'embarquement de la duchesse d'Angoulême.

La forte impression que Gros ressent face au *Saint Ignace* semble avoir éclipsé à ses yeux les autres toiles qui se trouvent aussi dans l'église du Gesù. Dans ses lettres, précieux documents qui permettent de suivre tout à la fois ses tribulations dans la péninsule et l'évolution de son état d'esprit[24], Gros ne dit mot du tableau du maître-autel, *La circoncision du Christ*, également de Rubens, ni de l'*Assomption* du Guide, ni de la *Crucifixion* de Vouet qui sans doute n'offrent pas la spectaculaire culbute qui, sous l'effet d'un geste du personnage central, précipite le regard du spectateur au premier plan.

Accroché dans la chapelle Carrega à l'intérieur de l'église jésuite del Gesù e dei Santi Ambrogio e Andrea, le *Saint Ignace* de Rubens exprime fortement la sensibilité baroque. Avant d'atteindre Rome, comme ce fut le cas pour David à Bologne, c'est à Gênes que Gros s'émeut de ce sentiment qui ne se révèle efficacement que dans son cadre naturel qui est celui d'une église, baroque elle aussi. Tout de suite ce style né d'une inquiétude trouve en Gros un terrain favorable.

Venu de Rome, capitale de la catholicité en proie aux attaques de la Réforme, le baroque était aussi une révolte. Plus

---

[24] Tripier-Lefranc reprochera à Delestre de ne pas avoir tiré parti de tous les qu'il possédait, en particulier les lettres de Gros dont beaucoup disparurent. Delestre avait en effet eu le temps d'en étudier l'écriture dont il se servira dans les explorations graphologique auxquelles il se livre dans *De la physiognomonie* : « Gros, enfant, ne pouvait s'astreindre à écrire soigneusement. Son écriture devient régulière avec finesse, à l'époque où il s'occupe de miniatures à l'huile. Le peintre de Jaffa, d'Aboukir et d'Eylau laisse rejaillir la fougue de sa palette dans l'ensemble de son écriture » (Jean-Baptiste Delestre, *De la physiognomonie*, Paris, Jules Renouard, 1866).

qu'une mode, une sensibilité, ou même une vision du monde, c'avait été une civilisation en colère qui se mobilise. Contre la montée du fanatisme parti à l'assaut des images, les images s'étaient mises en travers. Italiens, Français, Hollandais, Flamands, Espagnols, Allemands : venus des quatre coins de l'Europe, les artistes avaient accouru, parmi eux Rubens, ambassadeur des Flandres.

En France, toutefois, le Baroque restera longtemps synonyme de bizarre, tordu. Car, né en Italie, le Baroque s'est enroulé comme une flamme autour de la France pour se perdre en volutes au Nord. Si bien que les artistes français ne le découvraient souvent qu'en voyage. Même un critique d'art aussi avisé que Baudelaire, mais qui n'avait pour ainsi dire jamais voyagé, n'en devinera l'importance que tardivement en visitant les églises baroques de Belgique qu'il appelait églises jésuites[25].

Cependant, Gênes n'était pas sûr pour les Français et Gros obtient un passeport pour Florence où il restera un an. Suivant l'exemple de David et en compagnie de Jean-Baptiste Wicar, autre élève du maître, il copie avec soin les groupes antiques, les statues, les maîtres italiens des galeries florentines[26].

Force est de reconnaître que les dessins que tire Gros de ce répertoire obligé ne le différencient pas notablement des autres étudiants de David. Il en va tout autrement lorsque, laissé à lui-

---

[25] À Namur, dans le chœur de l'église baroque de Saint-Loup, Baudelaire découvre *ces nuages aux formes fantastiques et lumineuses, ces ténèbres chaotiques, ces immensités vertes et roses. Ces firmaments de satin noir ou violet* lui montent au cerveau dans le chœur de l'église. Il en tombera par terre, aphasique et incapable d'écrire.

[26] Laura Angelucci, *Antoine-Jean Gros en Italie : deux carnets de voyage au département des Arts graphiques du musée du Louvre*, Revue du Louvre et des musées de France, 59, 2009, p. 60-73.

même, il entre dans les églises et consigne les impressions fortes que provoquent en lui la peinture des maîtres anciens sur ses carnet de croquis – deux albums cartonnés que Gros avait achetés avant de partir chez Niodot, « Au Chant de l'Alouette, place du Vieux-Louvre, près l'Académie Royale », et qui avec ses lettres nous permettent de suivre son cheminement[27].

La piété soutenue par la grandeur qui s'exprime dans l'art des églises de Gênes et de Florence stimule un versant de la personnalité de Gros qui n'avait pas trouvé d'écho dans l'atelier néoclassique de David. Nul doute que le recueillement des lieux saints, mieux que les rivalités de l'Académie, favorise l'éclosion du génie particulier de Gros où la tendresse, la pitié, et des émotions venues de l'enfance, se fondent dans la chaleur des tons et des coloris. Extraite du culte qui les a vues naître, la ferveur des peintures religieuses laissera des stigmates dans ses compositions à venir alors même que leurs sujets ne seront pas religieux.

Ses dessins se distinguent également par la variété des techniques mises en œuvres. L'encre brune, le lavis brun et la pierre noire avec lesquels il rend la *Visitation* de Jacopo Carucci à la Santissima Annunziata créent un tout autre climat que ses copies d'après l'antique. Pour le *Mariage de la Vierge* de Franciabigio, la *Punition des blasphémateurs* d'Andrea del Sarto, sa *Guérison d'une possédée* ou encore sa *Déploration du Christ* mort du palais Pitti, l'ébauche des figures à la plume saisit le mouvement et la fougue.

L'élan pathétique, si révélateur de son caractère, est particulièrement sensible dans son *Étude pour la guérison d'un paralytique*. Apparu en contre-jour dans l'encadrement d'une

[27] Jacqueline Bouchot-Saupique, *Deux albums de croquis de la jeunesse de Gros*, Archives de l'art français, XXII, 1959, p. 297-302. Laura Angulecci, *Antoine-Jean Gros en Italie : deux carnets de voyage au département des Arts graphiques du musée du Louvre, op. cit.*

porte en haut d'un escalier, les suppliants à genoux tendent les bras vers le Christ comme le feront les pestiférés de Jaffa à l'approche de Bonaparte au geste guérisseur. Tant les sujets religieux qui attirent Gros en Italie le serviront plus tard lorsqu'il s'agira de mettre en branle ses grandes compositions sensées représenter des épisodes des campagnes napoléoniennes – Michelet ne s'y trompera pas, qui à propos de Gros, parlera d'une nouvelle église.

À Florence, Gros avait espéré retrouver Girodet. Celui-ci avait dû fuir Rome à la suite de l'expulsion des français des états pontificaux et de la mise à sac de L'Académie de France. Car tout avait subitement changé pour les artistes et lauréats français en Italie. La structure officielle, qui imposait aux prix de Rome de soumettre des toiles au Salon du Louvre où ils attiraient l'attention, n'existait plus. La validation et la sécurité que cette structure offrait aux lauréats importaient à Antoine-Jean Gros. Plus que les privations dont souffrent communément les peintres désargentés, le manque de protection, de reconnaissance officielle et de support moral lui fut cruel plus qu'à tout autre. Gros, qui voit son rêve italien se dérober sous lui, en est désemparé.

À cet égard, certaines pages de ses carnets où l'étude des paysages alterne avec des personnages nous émeuvent plus particulièrement. Ainsi cette feuille où l'épure d'une architecture côtoie un homme effondré, la tête entre les mains, expression du désespoir dont on ne peut s'empêcher de penser qu'elle emprunte quelque chose à celui de Gros.

Plongé dans la plus extrême détresse, son état se détériore au point que François Cacault, chargé d'affaire de la République Française en Italie à Florence, éprouve le besoin d'écrire à sa mère. « Il faut lui parler avec douceur, il est jeune, léger, susceptible..., facile à effaroucher », écrit-il le 13 juin 1794.

Cacault incite Gros à retourner à Paris sous la protection de David. Mais le 26 juillet de cette même année la chute de Robespierre entraîne l'arrestation du peintre[28]. Compromettant ce retour en France, s'effondre ainsi un autre mur auquel croyait pouvoir s'adosser Gros.

Ce n'est qu'à Gênes où il revient que, grâce à l'hospitalité du banquier suisse Meuricoffre rencontré à Nîmes, Gros retrouve un peu de sérénité.

De mai à septembre 1795 Girodet malade s'arrête à Gênes où Gros l'héberge dans son logement chez les Meuricoffre, via Balbi. Ils échangent leurs autoportraits respectifs. Girodet peint le portrait de leur hôte, Gros celui de sa femme, Céleste Coltellini, cantatrice italienne qui avait hébergé Girodet à Naples – et à qui Gros recommandera Géricault lorsqu'en 1816

---

[28] Emprisonné au Sénat, et s'étant passagèrement trouvé à cours de modèles, David avait regardé par la fenêtre et peint un bout du jardin du Luxembourg. S'était-il souvenu que Watteau qui avait habité le palais du Luxembourg s'y promenait souvent pour se délasser ? Quelque chose des allées du parc et des fêtes anciennes, attristées par le goût du jour, mais sensible encore dans la miniaturisation des personnages qui, après avoir occupés les grandes compositions, se distinguent à peine dans ce qui est en fait un moment du jardin. Loin des tribunes de la Convention, des assemblées en furie, des épisodes sanglants de la Terreur, David retrouve sous ses pinceaux la quiétude des allées sablonneuse, l'ombre inclinée des fûts, l'automne du feuillage. Comme pour le *Marat*, le paysage, que l'existence n'a plus le devoir d'animer, s'arrête sur un instant qu'il prolonge indéfiniment. Il semble se nourrir continûment de tout ce temps d'éternité qu'il à devant lui, comme d'une réserve inépuisable, qui le vivifie. À la même époque, David avait aussi formé le projet de peindre *Homère récitant ses vers aux Grecs*. Ce projet dont il ne reste qu'un dessin au crayon et lavis, Delacroix le continuera des années plus tard dans ses décorations de la bibliothèque où Dante et Virgile rendront visite au vieux poète.

celui-ci tentera à son tour l'aventure italienne par ses propres moyens.

Mais surtout, Girodet montre à Gros les études inspirées de Flaxman et de Füssli qu'il rapportait de Rome. Peintre suisse vivant à Londres, ami de Reynolds et influencé par Winckelmann, Johann Heinrich Füssli avait séjourné en Italie vingt ans plus tôt (David l'y avait rencontré). Féru de Dante et de Shakespeare, c'est émerveillé devant les fresques de Michel-Ange que ce précurseur des avant mondes romantiques avait conçut ses compositions d'Hamlet, la Tempête et le Roi Lear.

Le graphisme épuré de Flaxman et le dessin échevelé que pratiquaient Füssli et les artistes qui l'entouraient à Rome avaient influencé Girodet, ce dont témoignent ses études inspirées des poèmes d'Ossian, balade de l'Écossais Macpherson dont les accents sombres et sauvages avaient conquis l'Europe dès 1760. Pour rendre l'atmosphère lugubre de la lande écossaise évoquée dans les hymnes du barde aveugle dont Goethe disait qu'il avait remplacé Homère dans son cœur, Girodet s'était servi de rehauts blancs sur fond d'encre, et ce contour lunaire inspire Gros[29].

Mais alors que les dessins de Girodet baignent dans une atmosphère éthérée, un drame se joue dans ceux de Gros. Ce sera la plainte de Malvina pleurant la mort d'Oscar, celle d'Ugolin étendant les mains sur le corps de ses enfants, la

[29] L'hypothèse d'une influence anglaise venue de Rome par l'intermédiaire de Girodet que suggérait déjà Jacqueline Bouchot-Saupique et que propose James Rubin (*Gros and Girodet*, Burlington Magazine, 121, 1979, p. 716-721), semble désormais acquise. Il n'en reste que Gros à dû se pencher sur les œuvres de l'école génoise, Luca Cambiaso en particulier, dont le graphisme inspiré de Michel-Ange rappelle le sien. On à d'ailleurs montré ce que Füssli et de son cercle devaient aux artistes maniéristes, parmi lesquels Cambiaso occupe une place prépondérante (Martin Myrone, *Henry Fuseli,* Londres, Tate Publishing, 2001).

torpeur d'Ezzelin Bracciaferro devant le corps allongé de Meduna, Desdémone la tête pendante hors du lit sur lequel est assis Othello, autant d'ombres projetées par le siècle des Lumières finissant.

Ces thèmes, Gros les partage avec son époque – avec Les Souffrances du jeune Werther, les poèmes d'Ossian étaient dans la bibliothèque de Bonaparte. Mais ils prennent chez lui une résonance particulière à cette époque de sa vie. La fuite, l'exil volontaire en Italie lui tirent des accents qui ne sont pas italiens.

Les corps jetés de travers, les têtes renversées, les mains aux doigts effilés qui pendent au bout des bras, les chevelures défaites et éruptives, véritables nids de serpents, s'inspirent directement de Füssli, créateur du drame d'Ezzelin et de Meduna dont s'inspirera à son tour Byron. Comme la fille de Young, comme l'époux de Malvina, c'est l'expression d'un déchirement.

Le corps sur lequel rumine Ezzelin Bracciaferro à son retour de croisades est celui de Meduna qui lui avait été infidèle. Mais, à la foi amant et meurtrier, Ezzelin s'interroge douloureusement sur son acte et voit s'ouvrir devant lui un abîme dont l'insondable profondeur trouve sous le crayon de

Gros une expression hallucinée[30]. Ezzelin, c'est l'homme du Capriccio de Goya intitulé *Le sommeil de la raison engendre des monstres* qui, soudain réveillé, relève la tête et écarquille les yeux pour s'apercevoir que le cadavre de la femme qu'il a tué et qui gît à ses pieds s'est substitué aux chauves-souris et aux chats huant qui hantaient ses songes.

Jean-Baptiste Delestre, élève et premier biographe de Gros[31], avait vu dans ce dessin à l'encre une étude pour *Young et le cadavre de sa fille*. En 1973, Paul Joannides avait corrigé cette erreur d'attribution et reconnu une copie d'*Ezzelin et Meduna* de Füssli ; néanmoins l'erreur se retrouve fréquemment par la suite[32].

---

[30] James Rubin démontre dans son article *Gros and Girodet* que c'est d'après la gravure parue dans les *Essais sur la physiognomonie* de Johann Caspar Lavater imprimé à La Haye en 1781, que Gros à effectué sa copie du tableau de Füssli. C'est vraisemblablement Girodet, fortement influencé par les théories physiognomonistes du philosophe suisse Johan Caspar Lavater qui aura apporté l'ouvrage à Gênes et l'aura montré à Gros. Selon Lavater, les sentiments se reflétaient sur les traits du visage et la forme de la tête (George Levitine, *The Influence of Lavater and Girodet's 'Expression des sentiments de l'âme'*, Art Bulletin, 36, 1954, p. 33-44), L'application de cette théorie en peinture est sans doute à blâmer pour les rictus farouches, les airs pâmés et les roulements d'yeux qui donnent à plusieurs tableaux de Girodet et surtout de Guérin des allures de mélodrame – outrances expressives qui font aussi de la *Capitulation de Madrid* de 1810 de Gros une pantomime.

[31] Jean-Baptiste Delestre, *Le baron Antoine-Jean Gros: sa vie et ses ouvrages*, Paris, Renouard, 1867.

[32] Par exemple dans le *Antoine-Jean Gros* de David O'Brien qui consacre pourtant une pleine page à l'agrandissement du visage halluciné d'Ezzelin.

C'est pourtant là un dessin capital de Gros. À la fois amant et meurtrier de Meduna, le déchirement d'Ezzelin présage le dilemme de Gros au croisement entre le baroque qu'il a découvert en Italie, le romantisme qui s'agite en lui, et l'école de David qui l'attend. Avec son expression tourmentée qui préfigure les remords qui tortureront le peintre avant de le conduire au suicide, *Ezzelin* a toute la portée d'un autoportrait de Gros.

Incarnation de sa personnalité contrastée, le sujet d'Ezzelin tel que le traite Gros d'après Füssli est aussi une des plus éloquentes illustrations de cette pathétique inquiétude dans laquelle Fernand Braudel voyait l'essence commune du baroque et du romantisme : « Ce qui est de même essence dans le baroque et le romantisme, c'est une immense, une pathétique inquiétude ; l'homme est torturé, désespéré dans sa condition, enfoui dans une prison dont il heurte les murs, dont il sent le froid mortel. Il lui faut méditer au bord du gouffre ou alors feindre de ne pas le voir »[33].

Quand Girodet s'en va, Gros se lamente. « Comme il me manque », écrit-il. « Je ne veux pas t'étourdir de mes jérémiades », assure Gros à sa mère à laquelle il confie cependant tous ses tourments dans des lettres qui ne sont pas sans rappeler celles de Baudelaire à la sienne. Il se remémore avec nostalgie les bons jours de l'atelier du père des Horaces, comme il appelle David. Puis, se reprenant, il énumère les buts auquel il se raccroche : « Voir Rome enfin » écrit-il en novembre 1795. Mais sa mère est dans le besoin et pour y subvenir Gros continue de faire des portraits des réfugiés français à Gênes, dont plusieurs miniatures dont il avait appris le métier par son père.

---

[33] Fernand Braudel, *Le modèle italien*, Paris, Flammarion, 1989, cité dans Pierre Daix, *Pour une histoire culturelle de l'art moderne : de David à Cézanne*, Paris, Odile Jacob, 1998.

Charles Blanc qui a vu une telle miniature de Masséna chez Delestre, témoigne de la qualité d'exécution de ces peintures à l'huile sur taffetas, collées à une glace qui tient lieu de vernis et les préserve de toute altération[34]. C'est ce qu'on appelait alors des fixés, rappelle Blanc qui note la minutie du rendu des accessoires : la poignée de l'épée, les broderies, les galons, les boutons du frac, les anneaux de la spirale dont se compose une frange de tapis, la graine d'épinards qui distingue les épaulettes de général, la savante dégradation depuis le bleu foncé jusqu'à la lumière du front et de la joue, et tout cela sur quelques centimètres seulement.

Cependant, Gros, à qui l'accès à l'atelier de David avait permis d'envisager la carrière de peintre d'Histoire, genre le plus prestigieux auquel un peintre put alors aspirer, se lamente des étroites proportions où l'enferment ces portraits de commande. « Pauvre peintre où en es-tu toi ? » s'interroge-t-il dans cette étonnante correspondance avec sa mère qui montre Gros alternativement exalté, découragé, puis dépressif, ce dont témoignent de longs passages d'apitoiement sur soi-même. « Je vais être et je suis un peintre saute-ruisseau », se plaint-il le 16 mai 1796[35].

[34] Charles Blanc, *Histoire des peintres français au dix-neuvième siècle*, Volume 1, Paris, Cauville frères, 1845.

[35] Lettre inédite de la Fondation Custodia, Paris, que cite David O'Brien, ainsi que plusieurs autres lettres de l'Institut Néerlandais à Paris, dans son article *Antoine-Jean Gros in Italy*, Burlington Magazine, 137, 1995, p. 651-60.

Bonaparte

Or, en dépit d'une situation matérielle difficile, il va se produire un événement capital : au cours d'un bal travesti donné par les Meuricoffre Gros est présenté à Joséphine. Le thème du bal est celui des Mille et Une Nuit et le peintre, futur héraut de la campagne d'Égypte, s'est déguisé en prince turc. Haute stature, œil superbe sous le sourcil finement arqué, lèvres bien dessinées, la chevelure ramenée en arrière et nouée par un cordon noir, Joséphine de Beauharnais séduite l'emmène à Milan, et voilà Gros commensal de Bonaparte dont il esquisse le portrait[36].

« Le peintre ne pouvait obtenir un moment d'audience; madame Bonaparte le prenait sur ses genoux, après le déjeuner, et le fixait pendant quelques minutes. J'ai assisté à trois de ces séances, », écrit dans ses Mémoires le comte de Lavalette aide de camp de Bonaparte. « L'âge des époux, la modestie du peintre et son enthousiasme pour le héros, excusaient cette privauté », ajoute-t-il – cette année-là, en effet, Gros a 25 ans, Bonaparte 27 et Joséphine 33.

Dans *Bonaparte au pont d'Arcole*, dont l'esquisse est au Louvre, on voit Bonaparte, les cheveux longs, le visage allongé, la taille svelte ; un même souffle de vent agite sa chevelure et le drapeau français[37].

---

[36] Antoine-Marie Chamans comte de Lavalette, *Mémoires et souvenirs du comte Lavallette aide de camp du Général Bonaparte*, Paris, H. Fournier jeune, 1831.

[37] Philippe Bordes remarque que la synthèse formelle, l'abstraction spatiale et la richesse conceptuelle du *Bonaparte* de Gros démentent en partie la rupture radicale d'avec David qu'on a coutume d'y voir (Philippe Bordes, *Jacques-Louis David: Empire to Exile*, New Haven, Yale University Press, 2007).

Satisfait du portrait, Bonaparte fait entrer Gros dans la Commission des Arts chargée de sélectionner les œuvres d'art « que la victoire avait mis entre nos mains, et que les traités concédaient à la République », écrit Delacroix. En compagnie de savants tels que Monge et Berthollet Gros se rend à Rome où il prend résidence dans le Palais Mancini, le siège même de l'Académie de France avant les événements.

« En présence des ouvrages de Michel-Ange et de Raphaël, il sentit en lui comme un écho de toute cette grandeur », continue Delacroix. Mais ce que Delacroix appelle cette force secrète était encore latente. « Il était seul dans le secret de son génie; tout son talent s'était dépensé en chétifs ouvrages et avait servi à peine à le faire vivre. » Aussi, « le choc magique qui avait électrisé son âme ne servit qu'à augmenter sa mélancolie naturelle et sa pente à un fâcheux découragement ».

Trois mois plus tard, néanmoins, les caisses remplies d'objets d'art quittent Rome au rythme lourd et cadencé de convois tirés par des bœufs. En raison de leur dimension, leur poids, et des précautions à prendre pour leur acheminement, le transfert des œuvres d'Italie en France posait de nombreux problèmes pratiques. Promu inspecteur aux revues et désigné pour diriger un convoi de Rome au port de Livourne d'où les caisses seraient transportées par mer, Gros ne manque pas de croquer sur le vif l'effort que demandait ce charroi.

De retour à Milan dans le palais de Mombello où Bonaparte rassemble militaires, savants, artistes et hommes de lettres, Gros reçoit des commandes de portraits : Joséphine, le général Berthier avec qui il s'est lié, la maîtresse de Berthier, sa femme également dont il effectue une miniature avec ses deux fils dont il fait des petits anges.

Contraint de fignoler ces petites huiles sur cuivre qu'il appelle des pacotilles, genre dans lequel il excelle cependant, comme son père, Gros peste contre le sort.

Son impétuosité reprend le dessus avec Bucéphale dompté par Alexandre, projet de peinture dont il ne reste que quelques études à l'encre. Sur l'une d'elles, fougueuse, où Alexandre agrippe la crinière de son cheval qui se cabre et tous deux sont entraînés dans un mouvement giratoire, l'encre semble jaillir sous l'effet d'une force centrifuge.

Mais en décembre 1797, ayant conquis le nord de l'Italie, le nouvel Alexandre retourne à Paris. Après la vague de ferveur qui l'avait soulevé au contact de Bonaparte, Gros retombe dans une mélancolie rendue plus profonde par l'exaltation qu'il avait ressentie à Rome devant les œuvres de Michel-Ange dont le souvenir accuse le caractère dérisoire de ses portraits de commande, dans lesquels sa sensibilité se manifeste cependant. Ainsi, avec ses bras posés l'un sur l'autre et son regard de côté, l'ombre d'un regret de quelque chose passe sur le visage de Madame Bruyère, beaucoup plus parlante que son mari que Gros peint aussi. C'est souvent la femme chez Gros qui est plus expressive. Alors que le portrait de l'homme projette l'image souhaitée par le commanditaire, la femme, à qui les obligations du devoir n'incombent pas, laissent à Gros plus de champ pour exprimer sa sensibilité particulière, immodérée et toute féminine estime d'ailleurs Ernest Chesneau[38].

En mai 1798, nommé par le Directoire commandant en chef de l'expédition d'Orient, Bonaparte s'embarque vers l'Égypte[39]. Gros se sent abandonné. Ce bonheur qu'il entrevoyait, le voilà qui s'enfuit, le laissant seul. Pourquoi Bonaparte n'est-il pas parti de Milan comme il est parti de Paris ? demande Gros à sa mère à qui il confesse sa morne

[38] Ernest Chesneau, *La peinture française au XIXe siècle*, Paris, Didier, 1862.

[39] Deux mois plus tard, le 27 et 28 juillet 1798, date anniversaire de la chute de Robespierre quatre ans plus tôt, les convois des objets d'art envoyés d'Italie feront leur entrée triomphale dans Paris.

apathie. « Les autres auraient peint l'ancien Alexandre, moi le nouveau…au lieu que je suis la traînant au milieu de mes portraits… tout ça m'ennuie et m'endort, et je n'ai personne pour me réveiller », écrit-il lucidement. Et outre Bonaparte, il y aurait peint « les mamelouks, les chevaux arabes ».

« Qui me tirera de mes petites figures, de mes petits uniformes ? » se plaint-il encore dans un excès d'apitoiement sur soi-même, étonnant de la part de cet homme grand, fort, encouragé par le futur empereur, mais qui, momentanément abandonné à lui-même, descend la pente de sa nature.

Ce fort ennui qui conduit les personnages de Corneille au suicide, cette tristesse qui hante Gros, Delacroix, imbu de culture classique, la comparera au spectre fatal qui apparaît deux fois au dernier des Brutus. Car l'antiquité aussi avait ses langueurs et ses mystères, tout n'était pas que plis, glaives et serments.

« Le dégoût de soi-même arrive, c'est fini…Combien de fois je vais disant : si ma mère était avec moi, *elle réglerait mon existence…* », Delacroix souligne cette phrase de Gros aux accents baudelairiens. « Régler son existence…oui, sans doute, c'est le secret inconnu des hommes domines par l'imagination » commente Delacroix qui aurait pu consigner cette remarque dans son *Journal* tant elle lui est intimement liée (on sait le rôle que sa servante fidèle Jenny Le Guillou tiendra dans sa vie)[40].

[40] Il faut certes faire la part de la sentimentalité qui était celle de l'époque. « Rien de plus cruel que d'être jeune, sensible, isolé… cette vie m'est au dernier point insupportable », écrira Gros à sa mère le 16 aout 1799. Or, à la même période (25 juillet 1799) Bonaparte confiera à son frère « la grandeur m'ennuie, le sentiment est desséché ; la gloire est fade ; à vingt-neuf ans j'ai tout épuisé ». À des milliers de kilomètres de distance, mais dans des termes qui ne sont pas dissemblables, tous deux rêvent de Paris, Bonaparte de Joséphine et Gros du Salon.

Impressionnable, émotif, éprouvant une sensibilité extrême vis à vis des autres et des événements, doutant de lui et parfois pris par le dégoût de lui-même, mais non sans volonté, le caractère excessivement contrasté de Gros n'est pas sans ombre. Au début de la *Chartreuse de Parme* Stendhal raconte une anecdote qu'il situe en mai 1976, trois jours après l'entrée de l'armée française à Milan, et qui met en scène « un jeune peintre en miniature, un peu fou, nommé Gros, célèbre depuis »[41]. Cette observation rejoint celle du sculpteur David d'Angers pour qui « Gros rend ses idées dans une langue à lui, mais qui est toujours pittoresque et qui traduit bien ce qu'il veut dire. Il est plein de fermeté; parfois aussi son caractère devient bizarre, irascible, sauvage »[42]. Cette bizarrerie et cet aspect sauvage du caractère de Gros s'aggraveront à la fin de sa vie jusqu'à devenir le trait dominant de sa personnalité aux yeux de ceux qui le rencontreront.

Comme c'avait été le car pour David au début de son séjour à Rome, et comme ce sera le cas pour Géricault, c'est au dessin plutôt qu'à la peinture que Gros livre plus intimement les conflits qui le tourmentent comme en témoignent les croquis d'après Ossian, Dante ou Shakespeare, dont la facture est toute différente de celle des dessins académiques de Florence.

À Rome, Girodet qui peignait l'Endymion s'était lui aussi inspiré de Füssli dans ses dessins d'Ossian dont le thème ne cessera de le poursuivre, et Gros, nous l'avons vu, s'en inspire à son tour. Mais plutôt que simples illustrations des sujets du romantisme naissant, les moyens graphiques employés par

[41] Dans son *Journal d'Italie*, on apprend par ailleurs qu'Antoine-Jean fut l'amant d'Angela Pietragrua, la brune Milanaise qui occupa l'esprit de Stendhal pendant 15 ans.

[42] Henry Jouin, *David d'Angers, sa vie, son œuvre*, Paris, Plon, 1878.

Gros en Italie, d'accord avec les thèmes, sont au service d'un état d'âme.

La pierre noire du cimetière dans lequel Young enterre sa fille, les idées noires d'Ezzelin qui tournent autour de lui – non pas comme chez Goya sous la forme d'oiseaux de nuit, mais simplement de hachures et de zébrures venues des zones d'ombre et dont les orientations contrastées qui se heurtent disent la tourmente intérieure – ; l'encre éclaboussée du sang noirci d'Oscar allongé et dans laquelle trempent les mèches de cheveux de Malvina penchée sur la harpe d'Ossian; l'étirement extraordinaire du trait qui allonge les bras d'Ugolin sur les corps de ses fils dans une métaphore graphique du ululement[43]. Après le tachisme, c'est la graphie du désespoir : Gros tire de ses dessins tous les accents de la souffrance.

Paris lui manque terriblement. « Je suis là traînant au milieu de mes portraits, dévorant un article du Salon quand il me tombe sous la patte ou bien m'empressant autour de quiconque vient de Paris », confie Gros à sa mère à qui il transcrit le discours qu'il tient à tout nouvel arrivant de la capitale :

— Vous venez de Paris. Vous avez vu les Sabines de David, la Psiché (sic) de Gérard, le Colon de Girodet, la barque d'Isabey... que vous êtes heureux !

Frustré d'être écarté de qui était alors l'évènement artistique le plus important en Europe, Gros songe alors à faire un envoi pour le Salon de 1978 sur le thème de Timoléon qui sacrifie son frère pour l'amour de Corinthe, sa patrie. Le dessin préparatoire à la plume montre Timoléon accablé, la tête dans les épaules, se bouchant les oreilles pour ne pas entendre les cris de son frère qu'on assassine derrière lui.

---

[43] Dans son carnet de dessins Gros avait transcrit le passage terrible de l'Enfer de Dante où la voix d'Ugolin se fait entendre par l'étroit soupirail de sa prison obscure, « Et je me mis, déjà aveugle, à les chercher à tâtons l'un après l'autre, et je les appelais pendant trois jours alors qu'ils étaient déjà morts. »

« C'est le combat de la nature et du devoir », écrit Delestre à propos du Timoléon. À ce titre, il est difficile de ne pas évoquer le combat que Gros dut mener en Italie entre l'amour de sa mère laissée sans ressource à Paris et l'Italie si riche de promesses pour un peintre dont la carrière est à faire. Ce combat de la nature et du devoir, ce sera aussi celui qu'il va devoir mener à son retour en France entre cette force secrète qu'il devine en lui et son maître David dont il veut suivre l'exemple.

Mais David aura été le dernier grand Romain français tel que les voulait l'Académie. Girodet avait échappé de peu à un massacre. Gros aura vécu des moments intenses en Italie, mais sur fond de désespoir (le pire est encore à venir). Géricault verra une Rome sourde et noire comme ses appréhensions et ses souvenirs ; une année de tristesse et d'ennui, jugera le jeune homme bouillant qui n'en aura pas moins énormément travaillé à l'ombre du Colisée, colossal comme ses ambitions. Delacroix n'ira pas, choisissant de se rendre dans les anciennes colonies africaines de l'Empire, où il verra Caton et Brutus allongés dans les rues de Mekhnès.

En avril 1799 les troupes autrichiennes avancent. L'armée française bat en retraite et Gros accompagne le général Dessoles à Gênes. Le périple s'effectue dans des conditions épouvantables ; les mésaventures se multiplient. Il leur faut éviter les piquets autrichiens et les vedettes russes ; à un moment, égaré dans le brouillard, ils manquent tomber sur l'ennemi.

Commence alors le siège de Gênes qui durera trois mois. Des hôpitaux de fortune s'installent dans les palais et les églises. Les blessures de soldats sont horribles, leurs cris résonnent dans les églises génoises. Là où six ans plus tôt il allait admirer les tableaux dans leur décor baroque, dont le

Saint Ignace de Rubens guérissant les démoniaques, d'autres images frappent Gros.

La maladie et la faim font des dizaines de milliers de morts. Nul doute que les mains qui cherchent à atteindre le morceau de pain dans le coin gauche des *Pestiférés de Jaffa*, Gros les a vues se tendre dans les rues de Gênes où la peste menace. Mal nourri, il tombe malade à son tour. Ce n'est qu'à la signature d'une convention par Masséna en juin 1800 que, pouvant à peine marcher, Gros est évacué sur un vaisseau anglais.

Une tempête retarde le débarquement à Antibes et le roulis aggrave encore l'état déplorable du peintre. Enfin débarqué, Gros loge dans une chambre où on dit que le général Championnet serait mort de la peste. Toujours malade, il tente de se rendre à Marseille où se sont réfugiés les Meuricoffre. Une voiture l'y emmène. Par crainte des bandits qui infestent les parages, la voiture mène un train d'enfer sur la route défoncée. Cahoté, affaibli, sa santé délabrée, Gros parvient à Marseille à peine conscient. Alors il croit mourir.

Je vacille au bord de la tombe, trace-t-il d'une main tremblante sur le papier à lettre. Et ce vacillement au bord du gouffre, sous la plume de Gros, c'est presque la formule condensée de son existence.

Outre-mer

Enfin remis, mais déchargé de l'armée, Gros doit à nouveau faire des portraits pour vivre. Il voudrait rentrer à Paris mais des problèmes de papier et le brigandage qui sévit sur les routes du sud de la France l'en dissuadent. Cependant, Berthier lui fait obtenir un passeport, et au début du printemps 1801, Gros est à Paris.

À Paris, Gros vit chez sa mère. Vie oisive. Il a 30 ans. Je ne fais rien, répond-il à ceux qui l'interrogent. Dans son essai sur Gros qu'il donne à La revue des deux mondes en 1848, Delacroix évoque à ce propos un épisode de la vie de Michel-Ange dont un désordre singulier de sa nature lui fait momentanément interrompre la carrière qui s'ouvrait à lui. « L'ennui le prit », à cette « époque climatérique », écrit Delacroix qui parle en connaissance de cause de la singulière contradiction à laquelle est en proie « celui qui vit avec un démon qui lui souffle ses inspirations »[44].

Mais Girodet entraîne Gros au couvent des Capucines.

La Révolution avait transformé les lieux saints en ateliers. David, qui avait laissé son *Serment du Jeu de Paume* inachevé dans l'église des Feuillants, peindra son Sacre de Napoléon dans l'abbaye parisienne de Cluny – « Il ne me faut pas moins

---

[44] Delacroix s'arrête sur cette période de *désœuvrement*, mot que l'on n'associe pas volontiers au nom de Michel-Ange. C'est entre 26 et 30 ans qu'il aurait connu ce passage à vide que l'absence de commandes officielles n'explique pas tout à fait. Si Delacroix y insiste c'est qu'il y retrouve quelque chose de lui-même. Lire les *Essais sur les artistes célèbres*, c'est en effet dégager les éléments d'une filiation car Delacroix privilégie ce qui chez eux se retrouve chez lui. L'alternance de fécondité et de d'abattement l'aura séduit chez le maître d'œuvres monumentales – rien là de bien nouveau à vrai dire ; chez Corneille, même Attila s'ennuie.

qu'une église pour achever ce tableau immense », s'adressait David au Directoire ; c'est d'ailleurs à Cluny, où il conservera un atelier jusqu'à la Restauration, que l'Empereur venu voir le Sacre, tournera en silence autour de l'immense toile de dix mètres de long pendant plus d'une demi-heure.

Aux Capucines, Ingres et le sculpteur florentin Bortoloni occupaient deux cellules en commun ; s'y trouvaient également les peintres Granet, Delécluze, Chauvin, Duparty et Girodet qui travaillait solitairement dans l'angle gauche du cloître. Hennequin était aux Carmes, Gérôme était dans la chapelle de la Sorbonne divisée en plusieurs étages d'ateliers – dans la sacristie de l'église, les élèves de Prud'hon y travaillaient le soir d'après modèle –; des années plus tard Courbet sera aux Prémontrés. Dans ces cellules hors du monde, grands espaces nus et conventuels dévoués jadis à la prière, on pilait les poudres, on préparait les enduits, on roulait des toiles, on hissait à l'aide de cordes et de poulies des châssis lourds et hauts comme des croix.

Au Salon de 1801, Gros expose *Sapho à Leucate* que lui avait commandé le général Dessolles en Italie. On y voit la poétesse qui étreint sa lyre et se jette du haut d'un rocher dans la mer. Ce n'est plus la mer classique des ports mythologiques de Claude qui ondulait comme une pièce de velours entre les colonnes des temples dressées, mais une mer aux flancs sombres où la lune qui écrête les vagues a remplacé l'incidence rasante du soleil couchant[45].

[45] Charles Blanc, qui dit tenir ces renseignements de bonne source, raconte qu'en compagnie de Dessolles et de sa famille, Gros allait se promener le soir au bord de la mer et agitait un mouchoir blanc au souffle de la brise pour observer les effets de lune sur le linge blanc déplié. Charles Blanc, *Histoire des peintres français au dix-neuvième siècle*, Volume 1, Paris, Cauville frères, 1845.

Le thème et la facture font de *Sapho à Leucate* un symbole de la peinture romantique aux yeux de nombreux observateurs contemporains. Prophétique, ce tableau sert également de testament pictural de Gros puisqu'il anticipe son suicide par noyade. C'est d'ailleurs dans la pose de Sapho qu'un tableau de Bordier du Bignon montrera Gros après sa mort, vêtu de son uniforme d'Inspecteur aux revues et s'élançant maladroitement dans l'éternité comme la poétesse qui s'abîme avec ses voiles et sa lyre – cependant, nous le verrons, Gros ne s'est pas « jeté » dans la Seine comme le voudrait le stéréotype romantique, il s'est noyé sous moins d'un mètre d'eau dans un petit bras de la Seine à Meudon.

Les auteurs anciens étaient plus critiques vis à vis de *Sapho*. Pour Charles Blanc, Gros n'était pas fait pour peindre Sapho. « Bien que le sujet fût passionné, il ne répond pas aux véritables qualités de son génie », estime-t-il. Pour Chesneau, Sapho s'apparent au genre froid ; l'Arlequin du Musée de 1802 y va d'un calembour,

> Au clair de lune
> J'aperçois Sapho.
> Ce vert m'importune ;
> Je trouve ça faux[46].

De fait, le genre allégorique sera toujours funeste à Gros. Bonaparte devait changer tout cela.

— Pourquoi peindre des héros morts quand vous avez un héros vivant ? demandait-il déjà à David.

---

[46] Prosper Dorbec, *La peinture française, de 1750 à 1820, jugée par le factum, la chanson et la caricature*, [2], Paris, Gazette des Beaux-arts, 11, 1914, p. 157.

Ayant remis aux membres du Directoire les drapeaux des armées vaincues et signé le traité de paix avec l'Autriche, le jeune général s'était rendu dans l'atelier des Horaces. À son arrivée vers midi, maîtres et élèves de tous les ateliers du Louvre avaient formé une haie dans les corridors du vieux palais. Redingote bleue et cravate noire, le visage jaune et maigre, le chef de l'armée française en Italie les avait traversés accompagné de deux officiers. Puis il avait grimpé les marches de l'escalier qui menait à l'atelier de David, endossé son habit de général et s'était tenu impatiemment trois heures sur l'estrade pendant que le peintre ébauchait son visage.

— Bonaparte est mon héros ! avait lancé David subjugué au lendemain de la séance.

Le général s'était alors embarqué pour l'Orient et depuis tout le monde se passionnait pour l'avancée du corps expéditionnaire d'Égypte. Sorte d'aérolithe sombre tombé en plein désert, Bonaparte avait mis en fuite les cavaliers de Mourad Bey, ainsi que toute une nuée d'Arabes, de Coptes et d'Abyssins. Lorsque les Cheikhs et les notables du Caire, effrayés, étaient venus livrer les clés de la ville au vainqueur des mameluks, ils avaient découvert un jeune homme de 29 ans, hâve, nerveux, dépeigné, qui les reçoit debout, en redingote noire.

Parvenu aux portes de l'Asie, Bonaparte voyait la ville immense s'étendre devant lui, hérissée de minarets, et plus loin, au-delà du Nil, les pyramides sorties des sables. La découverte est extraordinaire. Jean-Baptiste Jollois et Édouard de Villiers du Terrage, qui ont vingt ans, bravent l'interdiction militaire et la menace perpétuelle des Arabes bédouins pour franchir le Nil, et ceci dans le seul but de *dessiner*. Ils tracent sur le papier les détails du zodiaque de Dendérah, peignent les ruines, les hiéroglyphes, les statuettes du tombeau d'Aménophis III ; Dominique Vivant Denon, leur aîné de trente ans, croque les paysages du haut d'un dromadaire qui avance.

Tout de suite, coutumes et couleurs locales plaisent à Bonaparte. Dans le jardin de cyprès et d'orangers du palais situé sur la place Ezbekieh où il s'est installé, son aide de camp, Eugène de Beauharnais, circule en galabieh égyptienne, et il faudra toute la persuasion de Tallien pour empêcher le général de recevoir les Cheiks vêtu en oriental.

Lorsque Bonaparte se pique d'adapter l'uniforme des troupes aux usages orientaux, et pour cela abandonner les tuniques de laine, les hausse-cols et les shakos de cuir, il se heurte à ses généraux offensés. Bonaparte aurait même envisagé une conversion de l'armée française à l'islam et entrevu la création d'une nouvelle Sorbonne dont il discute avec les Ulémas d'El-Azhar jusqu'à ce qu'on lui fasse valoir la nécessité de la circoncision et de renoncer à boire du vin[47].

À l'occasion de la fête que Bonaparte fit organiser au Caire à l'occasion du septième anniversaire de la fondation de la République, les soldats de l'an VIII dansèrent la farandole au pied des obélisques, et Saintine écrit dans son *Histoire scientifique et militaire de l'expédition française en Égypte* « De tous côtés, les couleurs turques flottaient, enlacées aux couleurs républicaines. Au sommet des faisceaux d'armes se confondaient, dans une alliance bizarre, le croissant et le bonnet phrygien, le Coran et les Droits de l'Homme »[48].

Saintine observe encore le spectacle curieux que font les costumes orientaux mêlés aux uniformes européens. « Le repas

[47] « On voit mal comment les vétérans de la campagne d'Italie se seraient pliés à ces exigences », observe Benoist-Méchin dans *Bonaparte en Egypte ou le rêve inassouvi*, Paris, Perrin, 1978.

[48] X.B. Saintine et al., *Histoire scientifique et militaire de l'expédition française en Egypte*, Paris, Denain, 1832-36.

ne fut lui-même qu'un long contraste : cette marqueterie animée de turbans et de panaches, de cafetans et d'épaulettes, de robes amples et de fracs étroits », note-t-il.

Le souvenir de cette expédition s'attardera longtemps après le départ de Bonaparte. Lorsque des années plus tard Gérard de Nerval entreprend son *Voyage en Orient*, le souvenir du météore français était encore dans les mémoires égyptiennes. « O toi dont la chevelure est si belle ! » fait à Nerval un vieillard du Caire au souvenir du général en chef[49]. Et dans le *Voyage en Égypte* de Flaubert, un vieil homme en donnait encore cette description : « Sans barbe, la plus belle figure que j'ai jamais vue, beau comme une femme, avec des cheveux tout jaunes. »[50]

Quant à Bonaparte, « Le temps que j'ai passé en Égypte a été le plus beau de ma vie, car il a été le plus idéal », dira-t-il à Sainte-Hélène.

Lors de sa campagne, Bonaparte avait décidé de s'aventurer en Palestine où les engagements avaient d'abord semblé favorables. À la tête de quelques centaines d'hommes seulement, Junot avait eu raison d'une cavalerie de 6000 mameluks et Arabes à la bataille de Nazareth. En 1801, alors que sortaient des imprimeries les premiers rapports de l'expédition et qu'allait paraître l'ouvrage de Vivant Denon *Voyages dans la basse et la haute Égypte pendant les campagnes de Bonaparte en 1798 et 1799*, cet épisode glorieux du corps expéditionnaire Égypte en Palestine enflammait les imaginations.

Il fut décidé qu'à l'issue d'un concours, le peintre lauréat obtiendrait la commande d'une toile gigantesque célébrant

---

[49] Gérard de Nerval, *Voyage en Orient*, Volume 1, Paris, Charpentier, 1851.

[50] Gustave Flaubert, *Voyage en Égypte*, édition de Pierre-Marc de Biasi, Paris, Grasset, 1991.

cette victoire de Nazareth. Gros, qui aurait tant voulu suivre l'expédition Égypte qu'il avait vu partir d'Italie avec amertume, se lance avec enthousiasme dans ce projet.

Avec une minutie quasi militaire, il amasse les indications données par Junot lui-même ; il étudie les plans de la bataille, la topographie du terrain, la disposition des troupes. Nous sommes sur les hauteurs de Loubi, sorte de plateau en forme d'hémicycle. Au loin, à peine discernable, c'est le village de Cana, à gauche c'est le Mont-Thabor. Desnoyers du haut de son cheval bai commande la deuxième brigade de l'infanterie légère, que Berthier dans ses souvenirs Égypte appelle deuxième légère. Quant aux dragons derrière, ils sont commandés par Duvivier dont le cheval noir se cabre au loin. Gros obtient aussi de Vivant Denon revenu Égypte les détails des armes, les couleurs des costumes.

Alors, équipé de tout cet attirail, muni de toute cette précision stratégique qui pèse sur tant de peintures d'histoire, Gros fait tout basculer dans le merveilleux.

L'esquisse du *Combat de Nazareth* est parcourue par une onde comme il en coure sur les paysages momentanément ensoleillés, alternance de nappes brillantes et sombres qui valorisent différemment les rouges des selles, des pantalons, des épaulettes, des panaches tricolores, le vermillon des culottes, le tranchant des baïonnettes.

La manœuvre de la bataille est celle d'un mouvement giratoire, centré autour d'un chaos de chevaux abattus et ruant, de poitrails, de sabots et de crinières enchevêtrées.

De ce noyau galactique se détache des filaments de matière précieuse, la robe étincelante de la monture de Junot, l'encolure de celle du mameluk qu'il désarçonne, dorée et flamboyante, tandis qu'au loin, comme en écho à la rumeur lointaine et assourdie de la mêlée, tout n'est plus que touches légères, de drapeaux en virgule, de profils équestres à peine esquissés. Cet amenuisement en cascade évoque les remous de la turbulence

[51] ; l'échelle de la bataille décroît en se ramifiant en épisodes particuliers : la culbute d'un destrier, l'élan d'un mameluk dont le turban dénoué met un signe infime comme un éclat de givre sur une fenêtre. « Posez, laissez », enseignera Gros plus tard à ses élèves.

Dans *Nazareth*, ce qui se détache surtout c'est le groupe de Junot avec ses assaillants. Point focal de la composition sans en être le centre, l'attention que les groupes du premier plan nous force à leur prêter nous en éloigne d'abord. Mais lorsque à la fin du parcours circulaire qu'effectue notre regard habilement diverti on revient à la scène, on la redécouvre à chaque fois comme une perle sertie dans l'écrin de la bataille.

Sabre au clair, et faisant feu de l'autre main, Junot, de trois quart sur son cheval blanc à la robe étincelante, est tourné vers un cheval cabré dont le cavalier, désarçonné, tête en bas, va rejoindre au sol celui qui y est déjà étendu sur le dos les bras en croix tandis que s'insère entre eux un second assaillant dont le cheval rue sur le côté. Le vermillon de la culotte du mameluk renversé se déploie magnifiquement autour de l'encolure flamboyante du cheval doré comme un soleil. Sous l'impulsion de Gros, c'est toute la bataille de Nazareth qui secoue énergiquement sa chevelure. Ailleurs, les gorges se déploient, offrant leur vulnérabilité.

« Le vaincu de Nazareth, désormais, c'est David, annonce Henri Focillon[52]. La nouvelle et brûlante conquête, c'est la couleur… non comme élément de pure fantaisie pittoresque, mais comme valeur significative. Comme force plastique et

---

[51] Chesneau parle d'inflexion et de dégradation successive des teintes conduisant dans l'ordre logique de l'action, « à tous les centres secondaires, jusqu'à l'épuisement de l'intérêt du détail ». Ernest Chesneau, *La peinture française au XIXe siècle, op. cit.*

[52] Henri Focillon, *La peinture au XIXe siècle*, Paris, Jules Renouard, 1927 (réédition : Paris, Flammarion, 1991).

comme force morale. » Force morale ? L'expression ne
convient guère à Gros ; il faudra attendre Delacroix qui la
reprendra à son compte.

Delacroix, qui voyait dans le mélange de la force et de
l'élégance des chevaux de Gros le dernier terme de l'art, a du
s'attarder devant le cheval de Desnoyers à la robe chamois.
Même les chevaux de Rubens n'ont pas selon lui la passion de
ceux de Gros, ils ne respirent pas autant l'amour du danger et
de la gloire, dans ces « mêlées si poétiques où on les voit se
cabrer, mordre, hennir, où les poitrails s'entrechoquent, où les
crinières confondues et entrelacées brillent sous le soleil le
plus vif à travers la poussière du combat » ajoute Delacroix qui
attellera ces quatre chevaux de la bataille de Nazareth au char
d'*Apollon vainqueur du serpent python* au plafond de la Petite
Galerie du Louvre.

Beaucoup de ce que Baudelaire louera dans les toiles de
Delacroix pleines « d'agitation et de lumière » se trouve dans
le *Combat de Nazareth* qui réalise lui aussi « l'unité
mystérieuse du drame et de la rêverie ».

Quant à Géricault, qui comme Delacroix ne cessera de
vouer à Gros une admiration passionnée, il fera faire une copie
du *Combat*, non pas au début de sa carrière en manière d'étude
comme il en avait tant faites au Louvre, mais tardivement, à
une époque où, désargenté, il lui faudra payer une forte somme
au propriétaire de l'esquisse Louis-Charles Bizet, conservateur
des abattoirs généraux de la ville de Paris à Montmartre
avenue Trudaine, l'un des cinq abattoirs parisiens ordonnés par
Bonaparte en 1808, et collectionneur des esquisses peintes de
Gros[53].

[53] Louis-Charles Bizet, auteur de *Du commerce de la boucherie et de
la charcuterie de Paris*, Paris, Dupont, 1847, ouvrage érudit et fort
bien documenté, possédait en effet en 1828, date de la vente de sa
collection, quinze esquisses peintes de Gros, dont celles de *Nazareth*,
Jaffa, Aboukir, Eylau, ainsi qu'*Ariane et Bacchus* et des portraits.

« Jamais Gros n'a retrouvé une telle puissance d'inspiration, une conception aussi large » va jusqu'à écrire Ernest Chesneau qui fait valoir ce qu'il appelle très bien le sentiment de la lumière, puisque chez Gros tout est sentiment.

Réuni le 8 décembre 1801, le jury attribue le premier prix à l'esquisse de Gros. Une fois le prix attribué, Chaptal met la Salle du Jeu de Paume de Versailles à son service pour y agrandir l'esquisse le *Combat de Nazareth*. Là où les conventionnels avaient prêté serment – la salle où David avait commencé le *Serment du Jeu de paume* révolutionnaire – on avait tendu une toile de 15 mètres de long et presque aussi haute. L'immense châssis ayant été monté, la toile tendue, Gros avait pu commencer à travailler.

Devant cette surface il faut imaginer un homme de trente ans, lui-même d'une haute stature, le visage d'une grande beauté, une abondante chevelure rejetés en arrière et nouée en queue de cheval, expression faite pour lui.

Plutôt que procéder minutieusement à l'agrandissement de son esquisse préparatoire en divisant la composition en carrés selon les préceptes de l'école de David – et comme le fera encore Géricault dans son *Radeau de la Méduse* – Gros jette rapidement sur la toile les grands traits de sa composition, insufflant d'emblée un dynamisme d'ensemble plus en accord avec son tempérament que la mise au carreau.

« Il concevait par l'exécution, tant ces deux termes se confondait dans le jet de ses inspirations chaleureuses » explique Delestre. « Ce qui ne laissait rien à la spontanéité pesait à l'imagination de Gros », ajoute-t-il. Cette observation rend compte des variations importantes que va subir la suite de son œuvre. Mais pour l'heure, Gros est tout élan.

Cependant, alors que l'esquisse définitive était déjà tracée, le projet est abandonné.

Achevé, le *Combat de Nazareth* eut été un des plus grands tableaux de ce début de siècle, fécond pourtant en œuvres gigantesques. Mais l'accélération de l'histoire entrait en conflit avec le format géant des toiles qu'elle inspirait – en 1793 David avait dû abandonner son *Serment du Jeu de paume* dont il se servira pour le *Serment de l'armée fait à l'Empereur après la distribution des aigles* en 1810.

Toutefois, le projet d'un grand canevas représentant un autre épisode de l'expédition Égypte s'élaborait. C'est dans l'immense surface de toile tendue dans la salle du Jeu de Paume que l'on taillera les *Pestiférés de Jaffa*.

Fièvres

En 1804, le Pont des Arts venait d'être construit. Avec ses planches ajustées comme celles d'un parquet et ses caisses d'orangers, il constituait une des plus belles promenades de Paris – il fallait payer un sou pour y accéder, ce qui maintenait à l'écart les mendiants de la capitale. À cet endroit, la Seine, dont l'eau était encore filtrée à travers des toiles pour la rendre potable, débordait d'activité : les moulins tournaient, des bateaux à charbon circulaient, les blanchisseuses battaient le linge en chantant, des Bains entourés d'arbustes et de fleurs flottaient au bord des quais où les cafés annonçaient en grandes lettres *Déjeuners chauds et froids, à la fourchette ; rhum, rack, punch, fromages glacés, café à la crème* ; les marchandises emplissaient les boutiques avec profusion ; des voitures et des cabriolets croisaient des fiacres et des lourdes charrettes[54].

Autour du Pont des Arts une foule élégante s'était pressée pour voir passer Gros porté en triomphe vers le Louvre où ses camarades d'atelier avaient suspendu une branche de palmier au-dessus de *Bonaparte visitant les pestiférés de Jaffa*.

Peint en 42 jours, affirmera son élève Vigneron – plus exactement en deux périodes de temps égales entre lesquelles il laisse se passer trois mois afin de mieux juger le tableau en le revoyant –, *Jaffa* fut le plus grand succès de Gros.

C'est vraiment un chef d'œuvre, résume Denon, directeur général des musées, à Napoléon qui est en Allemagne. Lors d'un banquet offert à Gros aux Champs-Elysées, Girodet récite

---

[54] Auguste Kotzebue, *Souvenirs de Paris en 1804*, Paris, Chez Barba, 1805, traduit de l'allemand et commenté avec mordant par René-Charles Guilbert de Pixerécourt.

des vers, Vien et David le félicitent ; tous portent sur lui leurs regards approbateurs dont le peintre a tant besoin[55].

Si curieusement gothique avec ses piliers massifs et son portique crénelé que relient des croisées d'ogive, le lazaret syrien, mélange hétéroclite de religions successives, est en fait un monastère arménien[56].

Sous les arcades de la galerie transversale, La répartition tripartite scandée par les colonnes évoque celle du *Serment des Horaces* de David. Mais l'espace du *Serment* est clos et le fond noir, tandis que Gros ouvre la perspective sur le paysage

[55] Dargenty analyse bien ce besoin d'assentiment chez Gros. « Sa confiance dans le goût, dans le talent, dans la critique des autres, est telle qu'elle abolit toute confiance en son propre goût, en ses propres instincts, en sa propre esthétique. Il croit toujours à la force des autres et jamais à la sienne. Les prix de Rome surtout l'oppriment, lui qui n'est pas leur égal. Il accorde sans marchander la sûreté de leur jugement, la validité de leurs préceptes, la puissance de leur enseignement. Il ne met en doute ni leur habileté, ni l'efficacité de leur méthode, ni leur compréhension de l'art. Reconnaissant toujours, quand ils veulent bien s'occuper de lui, il se soumet humblement à leur contrôle, écoute leurs conseils avec déférence et subit sans révolte leur ascendant. Quand Guérin, quand Girodet ont parlé, il n'y a pas a y revenir; et quand c'est David, oh! alors, tirons l'échelle, c'est le verbe divin, incontesté, infaillible, irréfragable. » G. Dargenty, *Les artistes célèbres, le baron Gros*, Paris, Librairie de l'art, 1887.

[56] Henri Mollaret et Jacqueline Brossollet, *À propos des* Pestiférés de Jaffa *de A.J. Gros*, Jaarboek Koninklijk Museum voor Schone Kunsten Antwerpen, 1968, p. 263-307, montre des photos du bâtiment actuel. L'article très complet des deux spécialistes du Laboratoire de la Peste de l'Institut Pasteur de Paris analyse l'œuvre de Gros sous les aspects de l'Histoire, de l'iconographie, de la taxonomie et de la critique.

exotique de Jaffa aux couleurs d'ecchymose. Et si dans les deux toiles la lumière vient de la gauche, celle du soleil syrien qui baigne les pestiférés est plus chaude que celle qui fait s'allonger l'ombre des Horaces prêtant leur serment.

À gauche les corps plongés dans l'ombre sont gris. Mais à droite, où le soleil atteint la vague humaine qui se creuse à l'approche de Bonaparte ce 11 mars 1799, ils sont jaunes de fièvre[57]. Desgenettes, médecin chef de l'armée d'Orient, a posé sa main sur le bras tendu du général tandis que Berthier, en retrait, porte un mouchoir à sa bouche et que Bessières, mouchoir au nez, se détourne dans l'ombre.

Allongés au premier plan, à genoux sur le côté, les pestiférés s'efforcent de se lever à l'approche de Bonaparte. Car, quoique immobile, bien campé sur ses jambes et le buste à demi tourné, on comprend que le général vient d'entrer, qu'il s'est avancé, et que, tel Moïse, il fait s'écarter la mer rouge devant lui.

Cet artifice de composition est omniprésent chez Delacroix, où il n'est pas de lion, de tigre, de guerrier à cheval qui apparu au détour d'un chemin ne fasse peu ou prou refluer la nature. Mais dans *Jaffa*, c'est le paysage humain qui reflue. La vague humaine, creusée en son milieu par l'entrée du commandant en chef de l'armée Égypte, remonte en suivant la courbe que fait le soldat allongé face contre terre, celui à demi relevé qui s'exhausse, le marin debout qui lève son coude pour découvrir son aisselle et dont la main atteint le sommet de son crâne.

Les symptômes de la peste, frissons incontrôlables, convulsions excessives, membres qui se contractent, léthargies

[57] « Quelle entente de lumière et d'ombres, pour laisser paraître ce qui console et voiler ce qui fait horreur ! » s'exclame Jean-Baptiste Delestre dans son ouvrage *Études des passions appliquées aux beaux-arts*, Paris, Joubert, 1833.

profondes, confèrent aux pestiférés de Jaffa, tout le maniérisme de la pestilence.

Pour modèles, Gros avait encore en tête les contorsions des démoniaques de Rubens qui se prosternaient et s'arrachaient les cheveux dans l'église du Gesù à Gênes dans laquelle il était entré dix ans plus tôt. Aux colonnes et arches voûtées de Rubens font écho celles de Jaffa ; au bas des marches qui conduisent à une galerie latérale du lazaret syrien, les soldats qui tendent désespérément les mains pour avoir du pain rappellent les personnages suppliant de Saint Ignace guérissant les démoniaques. Mais tandis que saint Ignace se tourne vers Dieu dont la lumière illumine son visage, Bonaparte doré par le soleil regarde droit devant lui.

La ligne horizontale que fait son bras gauche tendu se prolonge jusqu'à la surface de la mer au loin tandis que son bras droit qui retombe indique les pestiférés abattus, ruines croulantes ou rampantes sur le sol dont Gros déplie au premier plan l'éventail des anamorphoses.

Pour ce faire, Gros a retrouvé l'étirement extraordinaire dont il avait déjà compris la portée dans ses dessins d'Ugolin et ses fils, la résignation de Young devant le tombeau de sa fille, le terrible monolithe des damnés de Michel-Ange, les sculptures baroques de Bernin aux visages rejetés en arrière, aux mains entrouvertes et crispées, dont les pestiférés de Jaffa comme plus tard les morts d'Eylau rejoignent le paroxysme aux lisières de la douleur et de l'extase. Tant au-delà de la particularité des symptômes médicaux, les contorsions auxquelles se livrent les pestiférés sur le sol du lazaret de Jaffa appartiennent à la grande variété des manifestations de la souffrance humaine dont Gros avait ramené les images d'Italie, depuis le Saint Ignace guérissant les démoniaques jusqu'à l'effroyable réalité du siège de Gênes.

Par ailleurs, les cris et l'abattement des soldats fiévreux à l'entrée de Bonaparte, Gros lui-même les avait vécus, passant alternativement de l'espoir et l'exaltation au découragement, la langueur et l'ennui.

Parmi les sources de la composition des *Pestiférés de Jaffa* on cite souvent *Saint Roch intercédant la Vierge pour la guérison des pestiférés*, une des premières toiles de David, effectuée en Italie à son retour de Naples. Aux pieds de Saint Roch intercédant, on voit en effet un pestiféré allongé au bas de la toile. Mais une pièce de tissu que l'on dirait neuve recouvre en partie l'anatomie classique du pestiféré de David. À ce nu édifiant et sans odeur Gros a substitué la chair maladive couverte de haillons des soldats de l'armée Égypte auxquels il ne reste plus que des lambeaux de pantalon, des bonnets portant le numéro de leur garnison décimée.

Les défroques hétéroclites de Gros, de la simple couverture à la capote d'officier jetée sur les épaules nues du colosse qui se morfond à gauche, ou encore la vareuse nouée autour de la taille du matelot en pantalon rouge que touche Bonaparte, ont un plissé moins noble que les tissus qui habillent les personnages de David. C'est encore la camisole chiffonnée du général, le manteau de l'oriental qui distribue le pain aux soldats affamés, avec ses pompons et ses franges qui pendent, son système compliqué de rabats – Musset soulignera le contraste entre les haillons des soldats malades et l'éclat des costumes orientaux.

Au pli davidien des toges, Gros oppose le chiffon des étoffes exotiques. Au même titre que les chevelures défaites, c'est une bannière sous laquelle se rangent ses personnages, général et soldats confondus. Les orientalistes feront grand usage des tissus aux couleurs vives, telle que l'indienne, mais Gros ajoute dans le port de l'habit un négligé savant dont les dandys anglais, et Delacroix et Baudelaire feront une élégance.

Tel était d'ailleurs Gros, dont Charles Blanc nous décrit la toilette « non pas négligée mais décousue, ses cheveux rejetés en arrière et les grandes bottes à la Souwaroff qu'il portait presque toujours ». Aussi, cette « élégance belliqueuse dans le négligé de leurs fracs, dans le nonchaloir de leur abondantes cravates » dont parle Charles Blanc en termes baudelairiens à propos des personnages de Gros était celle du peintre lui-même. Cette allure devait contribuer à la force d'attraction singulière du peintre, « qu'accroissait d'autre part la vie brillante de l'artiste entouré d'officiers et de hauts personnages, l'aisance séduisante et quelque peu cavalière de son travail et jusqu'au luxe de son atelier encombré d'étoffes et d'armes orientales »[58].

Dans son *Salon de 1845*, Baudelaire cherchera « le peintre, le vrai peintre qui saura arracher à la vie actuelle son côté épique, et nous faire voir et comprendre, avec de la couleur ou du dessin, combien nous sommes grands et poétiques dans nos cravates et nos bottines vernies »[59]. Au tout début du siècle, ce peintre de la vie moderne, c'était Gros.

Revenons au tableau. À droite des *Pestiférés de Jaffa*, le long d'une colonne où se retient l'officier ophtalmique un bandeau sur les yeux et la main tendue, s'incline la figure d'un chirurgien mourant à qui Gros à donné les traits du chirurgien de première classe Masclet qui était son ami et qui lui ressemblait. Chevelure ruisselante sur les épaules, une main abandonnée sur le flanc du pestiféré qu'il vient d'inciser, Masclet laisse retomber au bout de son bras un rasoir encore pourpre, fin pinceau. Dans ce même recoin d'ombre secrète au bas du tableau où le sang sur le manche du rasoir a mis des traînées rouges s'approchent les doigts énormes du pestiféré aux prunelles couleur groseille.

[58] François Benoît, *L'art français sous la Révolution et l'Empire*, Paris, L.H. May, 1897.

[59] Charles Baudelaire, *Curiosités esthétiques*, Paris, Michel Lévy frères, 1868.

Ces teintes se retrouveront aux paupières rougies et aux blessures vineuses des massacrés de Scio de Delacroix de 1824. « J'ai mal lavé la palette de Gros », confiera Delacroix à Alexandre Dumas à propos des *Massacres de Scio* que Baudelaire appelait des pestiférés de Scio, non peut-être sans penser à la toile de Gros – Je mets pestiférés au lieu de massacres, pour expliquer aux critiques étourdis les tons des chairs si souvent reprochés, avait-il du préciser dans son *Salon de 1846*; il faut toujours tout expliquer.

Dans la première ébauche des *Pestiférés de Jaffa* que Gros avait conçu sur les indications de Vivant Denon, on voyait Bonaparte tenant un pestiférés dans ses bras tandis que l'aveugle s'élance de l'embrasure d'une porte où se trouvaient les ophtalmiques qui étaient effectivement dans une pièce séparée. À part une porte percée au milieu d'un mur badigeonné, l'esquisse jaune moutarde qui se trouve au musée de la Nouvelle Orléans n'offre pas les échappées de la composition finale : Jaffa dans les hauteurs, la cour intérieure avec ses corridors, les arcades et la mer au loin, autant de « profondes avenues » ouvertes à l'imagination dont parlera plus tard Baudelaire à propos de Delacroix.

Car, sous les pas de Bonaparte qui avance dans *Jaffa* en 1804, se découvre déjà la terre promise du romantisme. Les étapes du parcours qui y mène se retrouvent dans la grande composition de Gros que l'on peut imaginer se déroulant de gauche à droite à la façon des Panoramas qui commençaient à se monter dans Paris.

À gauche, où les corps sont plongés dans l'ombre du passé, le baroque se mêle à l'antique. Michel-Ange assis, morfondu et les pieds torves, broie du noir. Debout derrière lui, un maure davidien que le soleil atteint à l'épaule tend avec dédain le pain aux chrétiens affamés qui supplient au bas du tableau. Plus loin encore on porte les morts sur des civières comme dans *Les licteurs rapportent à Brutus le corps de ses fils* de David.

Au centre, Bonaparte, les joues bleues, une écharpe aux franges rouges crânement nouée autour de la taille, les initiales NB entrelacées sur la boucle d'or de sa ceinture, incarne le présent. Nous sommes en 1804, année charnière où l'on sacre *Jaffa* au Salon et Napoléon se proclame empereur.

Suite à l'étude renommée de Walter Friedlaender[60], il est de coutume de reconnaître dans le geste de Bonaparte l'attouchement du roi thaumaturge qui guérit les scrofuleux. Mais bien avant que la critique ne le redécouvre, Chateaubriand avait déjà fait ce rapprochement.

Lors de son voyage de Paris à Jérusalem, Chateaubriand avait marché dans les sables au sud-ouest de la ville de Jaffa, qui s'appelait autrefois Joppé, ce qui signifie belle ou agréable, nous renseigne-t-il. « J'ai fait le tour de la tombe, jadis monceau de cadavres, aujourd'hui pyramide d'ossements ; je me suis promené dans des vergers de grenadiers chargés de pommes vermeilles, tandis qu'autour de moi la première hirondelle arrivée d'Europe rasait la terre funèbre », écrit-il dans ses *Mémoires d'outre-tombe*[61].

À propos du tableau de Gros, le mémorialiste évoque les chroniques de Saint-Louis entouré de l'archevêque de Tyr et de l'évêque de Damiette qui « estoupoient leur nez pour la puanteur ; mais oncques ne fut vu au bon roi Louis estouper le sien ». Cette scène des chroniques de Saint Louis préfigure bien en effet Bonaparte impassible entouré de Berthier et de Bessières mouchoir au nez.

Chateaubriand estime cependant que Gros a représenté Bonaparte touchant les pestiférés par excès de courage et d'humanité. « Ce n'était pas ainsi que Saint Louis guérissait les

[60] Walter Friedlaender, *Napoleon as 'Roi Thaumaturge'*, Journal of the Warburg and Courtauld Institute, IV, 1941-42, p. 139-141.

[61] À Jaffa, Chateaubriand retrouve la « première hirondelle », l'oiseau Phœnix des plaines de Combourg.

malades qu'une confiance touchante et religieuse présentait à ses mains royales », jugera plus tard Chateaubriand qui n'aimait pas Napoléon.

Une confiance touchante : cette trouvaille inscrit sous forme de jeu de mots le geste des saints et des rois guérisseurs des écrouelles qui est celui de Bonaparte sur la toile de Gros.

Des années après Chateaubriand, Michelet, qui arpentait régulièrement les galeries du Louvre, surtout celle dite du bord de l'eau sur le côté méridional de la Cour carrée, s'attardera à son tour devant les *Pestiférés de Jaffa* qui était alors accroché dans la salle des Sept Cheminées destinée aux peintres de l'Empire et de la Restauration.

« Hâves, déjà avancés dans la mort, de tout leur corps s'exhale une terrible odeur de cadavre… », écrit Michelet qui lui aussi commente le geste guérisseur. « Bonaparte apparaît, et le miracle s'opère. Il suffit qu'il les touche, ils sont guéris !… C'est le demi-dieu, déjà guérissant la France. »

Cadavres et demi-dieux : dans *David-Géricault - Souvenirs du Collège de France (1846)*, Michelet, après Musset, évoque lui aussi ce contraste.

Ailleurs, dans son *Histoire du XIXe siècle*, Michelet à propos de Gros qui « a peint son nouveau Christ qui guérit la peste rien qu'en la touchant » parlera des miracles de la nouvelle église[62].

L'expression de nouvelle église convient bien à la grande toile de Gros, aujourd'hui assombrie, craquelée, grise de poussière, mais toujours percée d'éclats de lumière chaude et jaune, comme le chœur d'une église où brille encore la

---

[62] Jules Michelet, *Histoire du XIXe siècle*, volume 1, Baillière, 1872, cité par Pierre Malandain, *Michelet et Napoléon à travers les peintres de l'Empire*, Europe, avril-mai, 1969, p. 253-262.

prunelle mystique d'un lumignon[63]. La galerie de gauche du lazaret, percée de petites lucarnes en forme de pique aux vitraux multicolores, à laquelle on accède par une ouverture à l'embrasure cannelée et au linteau semi circulaire voûté en berceau, ajoute encore à cette correspondance. Toute entière nimbée d'une fine poussière dorée par la lumière du soleil filtré à travers les rosaces du vitrail, on y voit un officier assis sur le sol, la tête entre les bras, et à côté de lui un homme allongé, les bras ouverts comme en signe d'adoration.

À droite de la toile de Gros, la vague des pestiférés s'incurve le long de la figure inclinée du chirurgien mourant puis, suivant la direction indiquée par les mains tendues de l'ophtalmique aux yeux bandés qui se tourne vers la voix de Bonaparte, reflue avec force vers le centre de la composition, ou, éclaboussante de soleil, elle demeure en suspend face à la main levée du général. Les corps s'enchevêtrent et l'inclinaison alternée des visages fait comme un tangage. Au-delà de la cour du lazaret, entre les deux rangées de piliers qui soutiennent un portique crénelé, on aperçoit des cavaliers et leur monture, et au loin, la voilure d'un vaisseau et le bleu de la

---

[63] Le grand tableau de Gros est ainsi susceptible de bien des lectures. Pour Thomas Crow, (*Emulation: Making Artists for Revoutionary France*, New Haven, Yale University Press, 1995, traduit dans *Atelier de David Emulation et Révolution*, Paris, Gallimard, 1997), *Les Pestiférés de Jaffa* démontre l'impact des priorités absolutistes de Bonaparte sur la peinture davidienne, contraintes qui auraient conduit Gros à travestir le *Brutus* de David afin de contraster l'Europe éclairée avec un enfer arabe ; sous les traits du personnage de gauche qui se morfond, l'auteur voit d'ailleurs Brutus lui-même devenu cannibale. Dans *Rumor, Contagion, and Colonization in Gros's Plague-stricken of Jaffa (1804)*, Representations, 51, 1995, p. 1-40), Darcy Grimaldo Grigsby écrit pour sa part « Dans l'économie exclusivement masculine des *Pestiférés de Jaffa*, le contact de Napoléon avec les blessures ouvertes de l'homme nu, sa vulnérabilité sous-jacente, est lourde d'érotisme latent. »

mer. Rythme alterné des attitudes, abandonnement des gestes, chevelures qui ondulent, la mer au loin : toute cette partie droite de *Jaffa* se lit déjà comme un poème de Baudelaire sur le voyage.

Quant à Flaubert, parvenu à Jaffa lors de son voyage en Orient, il sera saisi d'une intuition qui lui restera. En entrant à Jaffa, il avait humé à la fois l'odeur des citronniers et celle des cadavres. « Le cimetière défoncé laissait voir les squelettes à demi pourris, tandis que les arbustes verts balançaient au-dessus de nos têtes leurs fruits dorés », écrira-t-il à Louise Collet en 1853[64].

— Ne sens-tu pas comme cette poésie est complète, et que c'est la grande synthèse ? lui demande-t-il.

Une grande synthèse, c'est ainsi que la toile baroque et préromantique de Gros se présente à nous.

La palette de Gros que Delacroix aurait mal lavée, Flaubert en trouve d'ailleurs la composition lors de son entré à Jérusalem où il voit « du sang, des boyaux, de l'urine, un arsenal de tons chauds à l'usage des coloristes », écrit-il à Louis Bouilhet[65]. C'est avec ces tons chauds que Gros a peint le ciel syrien couleur d'abcès que perce la flèche d'un minaret, le jaune fiévreux des murailles du lazaret de Jaffa, le rouge sanguinolent de l'écharpe à franges de Bonaparte.

[64] Gustave Flaubert, *Correspondance*, première série, Paris, Louis Conard, 1926.

[65] C'est un Orient pourri que découvre Flaubert « Nous sommes entrés par la porte de Jaffa et nous avons dîné à 6 heures du soir. Jérusalem est un charnier entouré de murailles. Tout y pourrit, les chiens morts dans les rues, les religions dans les églises. Il y a quantité de merdes et de ruines. » Gustave Flaubert, *Correspondance, op. cit.*

Delacroix, qui se servira de cette palette dans *Les massacres du Scio* (le pourpre, le jaune et le vert sont aussi celles du drapeau Turc), se désolait déjà de son temps que Jaffa ait perdu de son éclat par l'effet du temps. Les ombres frottées légèrement et les clairs sobrement empâtés ont laissé prise à une espèce de jaunissement, à une atténuation notable des teintes après un certain nombre d'années, explique-t-il[66]. « Il en résulte quelque chose de vide et de *creux* que ne présentent point les tableaux flamands et vénitiens, dont la pratique était meilleure. » Delacroix en vient à souhaiter que Gros ait été l'élève de Rubens ou de Van Dyck. « Plus noble et aussi abondant que le premier, plus animé, plus inventeur que le second, rien ne pourrait lui disputer sa place près de ces rois de la peinture flamande », estime-t-il, éloge étonnant quand on sait à quel sommet il plaçait Rubens[67].

Sitôt célébré le succès de Jaffa, Murat commande à Gros un tableau le montrant triomphant dans la bataille d'Aboukir.

[66] Eugène Delacroix, *Gros, op. cit.* Une copie rutilante des *Pestiférés de Jaffa* faite par Auguste-Hyacinthe Debay, élève de Gros qui deviendra sculpteur, donne une idée de ce que put être le coloris initial du tableau lors de sa présentation au Salon de 1804 (Museum of Fine Arts, Boston, Massachusetts, États-Unis).

[67] « Gros, ce fils de Rubens ! », s'exclame Delacroix qui à peut-être souhaité que l'on tranchât avec la même vigueur la question souvent discutée de ses propres origines.

Nouvelle église

Dans son nouvel atelier construit dans l'ancien foyer de la Comédie française, au 14 rue des Fossés-Saint-Germain-des-Prés (aujourd'hui rue de l'Ancienne Comédie), en face du café Procope et dont l'escalier lui aussi existe toujours, Gros, la toque de Murat sur les épaules, peint entouré d'un état major chamarré.

Les officiers qu'il avait connus en Italie viennent le visiter ; on boit du champagne, on manie des armes, remue des selles, on déplie les étoffes que l'on retrouvera dans les toiles du peintre. « J'ai très grand besoin d'avoir dans mon atelier les étoffes, les housses et les armes d'Orient que vous m'avez offert de me prêter... Et le damas à reflet bleu... », s'impatiente Gros auprès de Vivant Denon au moment d'esquisser la *Bataille d'Aboukir*[68].

Prise dans ce qui restait du canevas tendu dans la salle du Jeu de paume pour le *Combat de Nazareth* après que les *Pestiférés de Jaffa* en fut découpé, la toile sur laquelle l'esquisse sera de six mètres sur dix environ, sera aussi longue que le *Sacre de Napoléon* de David.

Dans la *Charge de Cavalerie, exécutée par le général Murat, à la bataille d'Aboukir en Égypte*, titre du tableau lors de sa présentation au Salon de 1806, l'emballement de la charge française écrase l'armée turque retranchée dans la presqu'île d'Aboukir. Alors que le pacha, dont le cheval s'effondre, tente d'endiguer l'armée déferlante, les Ottomans se précipitent dans la rade où ils vont se noyer ; leurs turbans font comme une flottille de méduses à la surface de la mer.

[68] Justin Tripier Le Franc, *Histoire de la vie et de la mort du Baron Gros, op. cit.*

Au centre, sabre en main sur son cheval qui passe sa jambe sur l'encolure de celui du pacha de Roumélie, Murat, commanditaire du tableau, pose comme à la parade. Devant son cheval lumineux, les torsions des corps, l'inclinaison des têtes et l'arabesque des sabres forment des arcs de cercle, comme des fronts d'ondes émis par une source de radiation.

Derrière, où le mouvement est plus confus et tumultueux comme dans le sillage d'un navire, l'ordonnance de la bataille dégénère en remous de sabres, de casques, de hennissements et de coudes levés.

Delacroix avait raison, l'air manque un peu dans *Aboukir*. Mouvementée, la scène est également surpeuplée. Mameluks, Janissaires, Arabes, Coptes et Abyssins, sont venus parachever le déploiement du panorama ethnique où se mêle la mauve négritude, le hale et le cuivre, les robes des chevaux, gris-mouchetés, alezans, bai-brun, soupe au lait ou isabelle, et au milieu de tout cela, l'arabesque des sabres, la cruauté des regards, les bras levés en imprécation au-dessus desquels s'élève une main albâtre et souveraine.

Comme c'avait été le cas dans les *Pestiférés de Jaffa*, le langage des mains se fait entendre dans la *Bataille d'Aboukir*.

Une main s'ouvre devant Murat à qui le fils du pacha offre le sabre de son père en signe de reddition. Au centre de la mêlée où, égarés et masqués en partie, une paire d'yeux supplie, une main anonyme aux doigts écartés se tend en signe d'imploration, véritable signature de Gros en plein milieu de la bataille, tandis qu'au bord droit de la toile, des doigts s'agrippent, des mains se cherchent. Au premier plan, un combattant renversé sur le sable, la tête dans l'onde, tient encore les reines de son cheval immergé dans la mer jusqu'à l'encolure.

Cette présence monumentale des mains au premier plan insinue dans les compositions de Gros un sens de l'étrange. Dans la *Bataille d'Aboukir*, cependant, la scène du devant s'interrompt brusquement comme si le bas du tableau du musée de Versailles avait été rogné.

Or, tout porte à croire que ce fut le cas si on le compare à l'esquisse où la mer lèche plus longuement le rivage – un mètre quarante de large, allongée par l'addition de baguettes de bois sur les côtés et restée étonnamment fraîche de coloris, c'est une des plus belles esquisses peintes de Gros[69].

Emportée par Murat devenu roi de Naples, placée dans un de ses palais, puis reléguée à sa chute dans les combles, la toile d'*Aboukir* avait en effet subi d'importants dégâts. « Lorsque j'étais à Naples en 1824, j'allai voir *La bataille d'Aboukir* de M. Gros », raconte Stendhal dans ses *Promenades dans Rome*[70]. « Ce chef d'œuvre n'était pas à la mode à cause de la figure du roi Murat. Mais, dans l'espoir d'obtenir quelques *carlins* de la curiosité des étrangers, le custode avait déroulé cette toile immense. Elle gisait étendue sur le plancher d'une vaste salle, et l'on marchait dessus pour aller reconnaître la figure du fameux ingrat fusillé à Pizzo. »[71]

Le concierge déroulait la toile sous les pas de visiteurs qui marchaient dessus pour aller voir Murat enfoncer la Porte

---

[69] Vendue en 1828 par Bizet, l'amateur d'art des abattoirs parisiens, elle avait appartenu à Cambacérès et au duc de Trévise avant de parvenir au Detroit Institute of Arts aux États-Unis.

[70] Stendhal, *Promenades dans Rome*, Volume 1, Paris, Michel Lévy Frères, 1858.

[71] Le grand tableau de Gros n'a cependant point réveillé les peintres de Naples, ironise Stendhal. « Par la chaleur de l'exécution, par l'exagération même du groupe principal, par l'action aisée à comprendre et frappante pour le 'lazzaroni' comme pour le philosophe, on eût pu croire que ce tableau les tirerait de leur peur. Rien n'y fait. Ils auraient vu *La peste de Jaffa* qu'ils seraient restés maniérés et plats comme devant. »

Ottomane. Parvenu au milieu du canevas, le visiteur se penchait pour admirer les incrustations d'or du chapeau de Murat à l'air impassible, le harnachement de son cheval à la robe satinée – et dont l'expression est beaucoup plus parlante que la sienne. Sur la gauche, il découvrait le rose Tiepolo du costume du fils du pacha, la crinière au vent de son cheval dont la robe grise fait valoir le rose de son visage et le costume tout rouge et incrusté du pacha qui se tourne avec fureur vers ses troupes, sa main dégoulinante de sang. Ces pas foulant le salon doré de la *Bataille d'Aboukir* laisseront des empreintes qui feront comme des taches noires telles qu'il en apparaît à la surface du soleil.

En 1825 Gros rachètera son canevas abîmé, terni, le rapatriera, le fera rentoiler non sans devoir rogner le bas qui devait être effiloché – avant de la vendre en 1833 à la direction des musées royaux, Gros exposera sa *Bataille d'Aboukir* retrouvée dans une salle de la rue Taitbout en 1829, puis au Luxembourg en 1830 pour une exhibition où la verra Musset.

Cette coupure explique en partie l'accablement qu'on ressent devant l'immense *Aboukir*, l'observateur se trouvant artificiellement rapproché de la pièce maîtresse autour de laquelle s'ordonne la composition gigantesque. Si l'éclat de Murat sur son cheval en est rehaussé par la magnificence des détails montrés de plus près, le mouvement d'ensemble y perd de son ampleur et l'amalgame des personnages devient oppressant.

Par contraste, les visiteurs du Salon de 1806 avaient pu voir la *Bataille d'Aboukir* avec le rivage découvert comme sur l'esquisse de Detroit – une gravure faite d'après le tableau de Gros et reproduite dans le *Pausanias français* de 1806 montre que, toutes proportions gardées, la toile du Salon était effectivement identique à l'esquisse.

Sur celle-ci, Murat sur son cheval est suffisamment repoussé pour que l'on puisse envelopper du regard le mouvement d'ensemble de la composition qui fait refluer les combattants du noyau central en vagues successives. Sur le devant, à droite, on voit mieux désormais le cheval en partie immergé, sa jambe pliée hors de l'eau et les franges d'un étendard mêlées à sa crinière, véritable cheval marin tel qu'en peignait Rubens – même enclave, même mouvement irrité de l'eau, on en retrouve un écho au premier plan de la *Bataille de Taillebourg* de Delacroix.

Dans *Le Pausanias Français ou Description du Salon de 1806*[72], l'auteur loue la pensée du sujet où l'Ottoman « cède en frémissant comme un tigre blessé » et ensanglante sa défaite, les « fuyards mutilés, épouvantés, que les flots reçoivent et dévorent », le geste du fils du pacha qui tend à Murat l'épée de son père dont la main est désarmée et sanglante, mais qui résiste encore à Murat – « c'est Hector digne d'Achille », écrit le chroniqueur, tant la guerre de Troie servait alors de référence. Mais il note aussi avec raison la trop grande distance entre le corps de cavalerie en avant et celui que l'on aperçoit dans le lointain, la distribution égale de la lumière, « répandue partout avec profusion et égalité, de manière que dans ce tableau, rien n'avance, ne recule, et ne s'enfonce suffisamment ».

Pour finir, l'auteur de l'article sur la *Bataille d'Aboukir* exposée au Salon de 1806 dit vouloir glisser sur quelques incorrections de figures ayant les bras trop gros, et qui sont

---

[72] Pierre-Jean-Baptiste Chaussard, *Le Pausanias Français ou Description du Salon de 1806*, Paris, F. Buisson, 1808. Loin de soupçonner une falsification commanditée de l'Histoire, l'auteur écrit à propos d'*Aboukir* (et du *Déluge* de Girodet exposé lui aussi au Salon de 1806), « Ce qu'il y à de plus remarquable, c'est l'absence de tout système ; nulle manière d'école : chaque artiste obéit à un sentiment intérieur, et cède en quelque sorte au génie particulier qui l'inspire. »

rouges avec une ombre verdâtre. Il donne en exemple le figure du bas du tableau, celle du devant qui se noie, plus visible sur l'esquisse que sur le tableau rogné. Or ce qui est perçu comme une incorrection en 1806 – que la réflexion du rouge soit rendue par le vert qui est sa couleur complémentaire – deviendra plus tard la clé du chromatisme de Delacroix.

Mais surtout, mis en évidence au premier plan et entouré de sable qui le sépare de la mêlée, cet Albanais renversé sur le dos, qui a de l'eau jusqu'à la bouche (comme l'aura Gros la nuit de son suicide) et dont une main tient encore la bride du cheval marin à demi immergé, nous semble signifiant. Rejeté en arrière, sa gorge, déployée comme celle du mameluk de la bataille de Nazareth que va transpercer le sabre d'un dragon, fait une grande coulée blanche au bas du tableau. Ces gorges offertes, tendues, ultime crispation, dernier sursaut avant la mort, Gros les saisit partout; il devine la palpitation des cœurs, comme celui de l'oiseau que le jeune Paulin serrait dans sa main. Ces derniers instants de la vie en suspend qui sont aussi des actes d'amour, saillants de volupté, mêlés d'abandon, sont le grand mystère de Gros[73].

Cinquante ans après la bataille d'Aboukir, des débris s'y verront encore.

Lorsque le 17 novembre 1849 Flaubert et Maxime du Camp, partis en voyage, aperçoivent l'Orient, c'est « dans une grande lumière d'argent fondue sur la mer ». Ayant accostés en Égypte, ils découvrent dans le sable du désert des carcasses d'animaux, un chameau mort, « aux trois quarts rongé par les chacals et dont les boyaux noircis au soleil passent en dehors ;

[73] Pour Michel Florisoone, Gros, qui eut l'obsession de l'instant « où l'âme va parvenir sur les lèvres », inventa un nouveau sens de la mort. (*Romantisme et néo-classicisme*, in *Histoire de l'art*, Paris, Gallimard, Bibliothèque de la Pléiade, 1961).

un mufle momifié, une tête de cheval ». Continuant leur chemin, ils parviennent à la plage d'Aboukir qui se montre à eux « encore couverte de place an place par des débris de navire ». Flaubert et Du Camp s'y amusent à tirer au fusil des cormorans et des pies de mer. « Nos Arabes couraient comme des lévriers ramasser celles que nous avions blessées... Le temps était magnifique, la mer et le ciel étaient tout bleus, l'espace immense », écrit encore Flaubert à sa mère le 23 novembre 1849. Mais ailleurs, dans ses carnets, il note l'effet sinistre de la pleine lumière qui a quelque chose de noir.

Quand, dans la salle Mollien de l'aile Denon du Louvre, on se tient devant le *Champ de bataille d'Eylau* qui fait face aux *Pestiférés de Jaffa*, on ne voit que des moustaches, des sourcils, des mains énormes.

Les morts nous tombent dessus et on manque tomber en arrière avec eux comme le Colonel Chabert de Balzac qui s'était retrouvé enfoui à Eylau sous une avalanche de cadavres gelés.

La hauteur du tableau est telle qu'on ne peut pas voir l'Empereur sur son cheval sans se reculer de plusieurs mètres. Il faut s'éloigner davantage pour que, quasiment le dos aux *Pestiférés de Jaffa*, nous apparaisse, tout en haut de la composition, deux énormes colonnes de fumée noire qui montent jusqu'au ciel comme pour prendre Dieu à témoin des souffrances de la guerre.

Lorsqu'en mars 1807 un concours fut ouvert sur le thème de *Napoléon visitant le champ de bataille d'Eylau*, l'esquisse de Gros, soutenu par Denon, emporta les suffrages. L'empereur lui remit la pelisse et le chapeau qu'il portait ce jour-là et dont Gros ne se séparera jamais. L'artiste se mit au travail et termina son tableau à temps pour le Salon de 1808 qui fut un événement.

À l'ouverture du Salon, les visiteurs comblés purent voir en effet *Bonaparte pardonnant aux révoltés du Caire* de Guérin, *L'Empereur recevant les clés de Vienne* de Girodet qui montrait aussi son *Atala*, la *Bataille d'Austerlitz* de Gérard, l'immense *Couronnement* de David, la *Justice et la Vengeance divine poursuivant le Crime* de Prudhon, et *Napoléon visitant le champ de bataille d'Eylau.*

Comme le font les survivants et les chirurgiens sur la toile de Gros, beaucoup levèrent les yeux vers Napoléon juché sur son cheval isabelle, son cou protégé de martre et vêtu de la polonaise de satin gris bordée de fourrure qu'il avait donnée à Gros. L'Empereur tend la main dans leur direction, mais alors que celle de Bonaparte avançait avec confiance dans *Jaffa*, la main de Napoléon, le poignet cassé, survole le champ de bataille. « Si tous les rois de la terre pouvaient contempler un pareil spectacle, ils seraient moins avides de guerres et de conquêtes ! », avait laissé tomber l'Empereur au lendemain de la bataille d'Eylau. « Il reste de ce lieu de carnage un des plus beaux tableaux de Gros, » reconnaîtra Chateaubriand dans ses *Mémoires d'outre-tombe.*

Si, après s'être reculé, on se rapproche de la toile et qu'on se déplace sur la gauche jusqu'au bout du tableau, on a en face de soi, au niveau de notre regard, non pas ce que montrent les reproductions le plus souvent tronquées, mais une main. Venue du dehors, on n'en voit que les doigts aux ongles larges comme des lucarnes et qui se referment sur une petite chaîne au bout de laquelle pend une médaille ronde et une croix — sensiblement à la même hauteur que la main qui entre dans le tableau à gauche, une main aux doigts coupés en sort à droite ; ce raccord suggère la possibilité d'une composition non plus plane mais circulaire selon le principe des Panoramas qui devenaient populaires à Paris et qui intéressa l'Empereur.

C'est une croix d'honneur qui devait récompenser Gros.

Lors de la distribution des récompenses du Salon de 1808, Napoléon, alors au sommet de sa gloire, était venu au Louvre. Une main dans le dos, il parcourt le Salon Carré et d'un coup d'œil il inspecte tout rapidement.

« Déjà l'on avait appelé les élus, écrit Delestre : il ne restait plus de cordons à remettre; l'auteur de la bataille d'Eylau n'avait pas été cité; son anxiété devenait de plus en plus vive : avait-il été oublié par erreur, ou sciemment exclu? »

L'Empereur passe devant Gros, mais sans rien dire. Alors que le peintre s'apprêtait à se retirer, l'amertume au cœur, Napoléon revient soudainement sur ses pas, détache de sa poitrine sa propre décoration et la plante sur la poitrine de Gros.

— Toi ! lance-t-il au peintre qui le dépassait d'une tête comme le pestiféré de Jaffa debout devant Bonaparte.

Dans la salle des Sept Cheminées du Louvre où Michelet, entre les révolutions successives, ne cessera de retourner, *Eylau* faisait déjà face à *Jaffa*.

— Tant de sang sur la neige ! s'exclamera Michelet les yeux sur le bas de la grande toile de Gros.

C'est au milieu des monuments français entreposés par Lenoir dans l'ancien couvent des Petits-Augustins, où il allait enfant en compagnie de sa mère, que Michelet avait découvert sa vocation de ressusciter le passé. Aussi, devenu historien, reviendra-t-il souvent interroger les monuments et les peintures. Michelet, dont la passion allait à Géricault, n'aimait guère David à qui il reprochait son faux héroïsme. Il n'était pas tendre non plus pour Guérin qu'il considérait sec, ni pour Gérard, faible et fade, ou Girodet, « toujours dans l'effort et le sentiment de son impuissance ». Chez Gros, toutefois, Michelet reconnaissait un « artiste de cœur ».

Cette observation condense en une formule le mécanisme créateur de Gros tel que le décrivait son élève Delestre : « Il fallait à Gros des passions, des sentiments à rendre. On devait passer par son cœur pour arriver à son esprit. »

Lorsqu'il parlait de nouvelle église à propos de *Jaffa*, Michelet faisait allusion au symbole du roi guérissant les écrouelles mais il constatait aussi la spiritualité latente de la peinture de Gros, artiste de cœur. La peinture religieuse s'était interrompue à la suite de la Révolution qui avait supprimé le culte catholique.

—. Hélas ! hélas ! la religion s'en va, se désolait Musset dans sa *Confession d'un enfant du siècle*, nous n'avons plus ni espoir ni attente, pas deux petits morceaux de bois noir en croix devant lesquels tendre les mains.

Mais l'élan spirituel entravé en était venu à imprégner nombre d'œuvres dont les sujets n'étaient pas religieux. Au fond du sanctuaire de cette église romantique qui s'élabore avec Gros, le Tétramorphe chrétien – les quatre animaux symboliques des évangélistes que sont l'aigle de Jean, l'ange de Matthieu, le lion de Marc et le bœuf de Luc entourant l'agneau mystique – fait place au tétramorphe des évangélistes romantiques que sont Girodet dont l'aigle tourne dans les brouillards d'Ossian, Géricault dont le taureau s'écroule dans les cours de Rome, et Delacroix qui sera à la fois ange et le lion. L'agneau central qu'ils entourent, c'est Gros dont l'immolation sur l'autel néoclassique prendra un tournant tragique – de même que l'agneau pascal, sa vulnérabilité n'en rend que plus saisissante la force de l'élan qu'il incarne. Quant au Père de cette nouvelle église, c'est assurément David dont on peut dire que Girodet, Gros et Géricault sont issus de lui.

Dans la nouvelle église romantique de Gros, la position des mains tient lieu de langage. Outre le bras tendu de Bonaparte, ou celui fléchi de Napoléon, il y a une multitude de gestes isolés, esquissés, pathétiques ou retenus, qui, additionnés, parlent plus haut que la voix du général ou de l'Empereur.

Partout, des signes discrets de connivence fraternelle s'ébauchent. Un soldat mourant renversé sur le dos a posé ses doigts sur le cou de celui qui est allongé à côté de lui pour y chercher la chaleur de la vie. Si de l'extrémité gauche de Napoléon visitant le champ de bataille d'Eylau surgit une main formidable dont le poing serré tient une médaille avec une croix au bout d'une chaîne, une autre, plus petite mais identique, est à demi enfouie dans la neige salie, avec les grains d'un chapelet autour d'une main allongée au rebord de la toile. Au loin, l'église d'Eylau qui brûle fait écho à ces symboles dont Gros a le secret.

Devant *Eylau*, Delacroix fasciné par « ce tableau sinistre, formé de cent tableaux » passera des heures à observer les jambes trempées de neige du cheval de Napoléon et la baïonnette tordue, hérissée de glaçons ensanglantés, qui gît sur le sol prussien. Dans son essai paru dans la *Revue des Deux Mondes* il insistera sur ce qu'il appelle la poésie des détails de Gros.

Comme chez David, où la petite plume accusatrice pointant comme une boussole vers le cadavre de Marat, le couteau sanglant de Charlotte Corday abandonné sur le sol et l'eau rougie de la baignoire sont plus éloquents que ne l'eût été la présence de la meurtrière, il y a un naturalisme de la terreur que Gros pratique sans ostentation.

« …S'il connaît la douleur et s'il est peintre », écrira Baudelaire dans son Salon de 1846. La pitié pour la douleur qu'éprouve Gros se réfugiait jusque dans le réalisme des choses. C'est le rasoir de Jaffa, cramoisi comme les paupières des pestiférés, les glaçons rougis au fil des baïonnettes d'Eylau. Chez Gros, même les objets crient.

Panoramas

Peinte en 1810, la *Bataille des Pyramides* sera le dernier volet des toiles d'Outre-mer de Gros. Mais elle procède d'un genre particulier : c'est une allégorie, genre funeste en peinture lorsque pour les besoins d'une scène d'action, il exige la représentation d'événements simultanément incompatibles.

Ainsi Bonaparte sur son cheval cabré n'a-t-il pas fini de prononcer son fameux « Soldats, du haut de ces pyramides quarante siècles nous contemplent » que déjà l'Abyssin, le Turc et l'Arabe se sont jetés au sol pour demander grâce avec une gaucherie qui souligne tout ce que ce collage a d'artificiel.

Par ailleurs, la toile fut tardivement agrandie de deux panneaux latéraux afin de remplir l'espace que l'administration de Louis-Philippe lui avait assigné dans la galerie historique de Versailles. Ces additions l'aggravent du tumulte intempestif que fait à gauche le groupe d'officiers à cheval et à droite une famille de prisonniers ébahis amenés par un grenadier. À l'encontre d'*Aboukir* auquel nuisait la troncation du canevas, une reproduction de la *Bataille des Pyramides* gagne à être réduite et ramenée aux proportions du tableau tel qu'il apparut aux visiteurs du Salon de 1810.

Les conditions d'exécution de ce raccord difficile avaient occasionné des échanges peu amènes entre le peintre devenu susceptible en fin de carrière et la nouvelle direction des musées royaux qui lui avait commandé ces extensions. Cependant Gros s'était exécuté ; il avait ébauché Kléber, sabre brandi sur sa monture, et une famille de prisonniers arabes sur deux panneaux rectangulaires. Plus tard, il avait émis le vœu que son élève Debay les termine. Mais à la mort de Gros, la question des marges latérales avait causé un différent entre l'administration de la liste civile qui exigeait les marges que Gros avait esquissées ou qu'elles soient rendues blanches. La veuve du peintre, soutenue par un groupe d'artistes qui en avaient appelés au roi, avait obtenu que le vœu de son mari soit respecté[74].

Rétablie dans ses proportions initiales, la *Bataille des pyramides*, plus haute que large, oriente notre regard dans le sens de la verticalité, effet que renforce encore le bras tendu de Bonaparte dont l'inclinaison fait écho à la silhouette triangulaire des pyramides. Et cette transposition picturale de la harangue de Bonaparte balance l'effet douteux de l'allégorie qui donne à la composition des *Pyramides* cet aspect illogique et déraisonnable que lui reprochait justement Chesneau.

Toutefois, l'effet de la verticalité ne joue plus dans la composition finale aux proportions modifiées. Ce n'est qu'en occultant les rajouts que l'on ressaisit l'élan des gestes, l'écho répercuté de la structure pyramidale et que, à tous points de vue, l'œuvre qu'à la fin de sa vie Gros disait préférer retrouve de sa grandeur.

Avec les *Pyramides*, Gros exposera au Salon de 1810 la *Bataille de Wagram*. Géricault, qui fera une copie des

[74] L'adjonction des marges latérales par Debay et surtout les raisons que le gouvernement de Louis-Philippe en avait données déchaînait encore l'ire de Flaubert en 1842. « Figure-toi en effet que ce porc-là, trouvant qu'un tableau de Gros n'était pas assez grand pour remplir un panneau de muraille, à imaginé d'en arracher un côté du cadre et de faire ajouter deux ou trois pieds de toile, peinte par un artiste quelconque », écrit Flaubert à sa nièce Caroline. « Je voudrais voir la mine de cet artiste-là », fulmine encore Flaubert qui raconte son dîner de la veille où quoique « toujours distingué dans ma tenue et dans mes manières, comme Murat », il s'était laissé emporté, choquant ses hôtes « philippistes enragés » et qui vont à la cour. « Mais tu sais que plus j'indigne les bourgeois, plus je suis content. Ainsi j'ai été très satisfait de ma soirée », conclut Flaubert. L'artiste en question dont il eût aimé voir la mine n'est d'ailleurs pas tout à fait quelconque puisqu'il s'agit d'Auguste-Hyacinthe Debay, l'élève favori de Gros dont le père, sculpteur renommé et ancien élève de David, taillera un buste dans le marbre.

Pyramides, s'inspirera aussi de *Wagram* (« Avec quelle passion ne me dépeignait-il pas, parmi les oeuvres de Gros, soit la Peste de Jaffa, soit la Bataille d'Aboukir ou celle de Wagram », rapporte son disciple Antoine Montfort[75]). Mais plutôt que la composition entière, il saura choisir l'épisode de la pièce de canon qui file à gauche selon une perspective fuyante – le train d'artillerie enlevé au galop par les chevaux couverts d'écume et dont les roues font jaillir la boue se retrouvera plus tard sur l'une de ses toiles. C'est en effet sous forme épisodique qu'il est préférable de lire le tableau de Gros fait de scènes successives mais simultanément incompatibles.

À cette occasion se pose le problème de la représentation synchrone d'instants successifs auquel est confronté le peintre d'Histoire qui, à l'encontre de l'écrivain, ne dispose pas d'une durée narrative. Ce sujet intéressant, abordé par Delestre, est bien analysé par David O'Brien, mais c'est Léon Rosenthal pour lequel « il y avait dans l'œuvre de Gros le germe de plusieurs révolutions » qui fait le lien entre les grandes toiles de Gros et les Panoramas[76]. « Les dimensions mêmes de certains tableaux leur confèrent un caractère panoramique, que ce soit par un étirement horizontal ou par leur gigantisme »,

[75] Antoine Montfort, cité par Yvelines Cantarel-Besson, *Le manuscrit de Montfort*, catalogue de l'exposition *Géricault*, Galeries nationales du Grand Palais, 10 octobre 1991 - 6 janvier 1992, Paris, Réunion des musées nationaux, 1991.

[76] « Sa puissance à faire surgir une scène, à la placer sous nos yeux, est telle que ses toiles ont un peu de ce genre de vie que possèdent les panoramas », Léon Rosenthal, *Peinture romantique*, Paris, L.H. May, 1900.

observe par ailleurs Bernard Comment dans Le XIXe siècle des panoramas[77].

Au tout début du XIXe siècle étaient apparues dans Paris les premières rotondes construites pour y dérouler des panoramas circulaires qui donnaient aux spectateurs un effet d'immersion dans le sujet, particulièrement propice à la représentation des grandes batailles. Les premières coupoles de panoramas furent installées à Montmartre en 1802, ce dont témoigne le nom du Passage des Panoramas dans le 2em arrondissement, le plus ancien passage de Paris où la Nana de Zola ne pouvait s'arracher des étalages et où Baudelaire découvrira en vitrine une peinture de son père.

À l'intérieur de ces premières rotondes dont les dimensions allaient s'agrandir considérablement, Jacques-Louis David était venu admirer les peintures panoramiques de Pierre Prévost avec ses élèves.

— Vraiment, Messieurs, c'est ici qu'il faut venir pour étudier la nature, aurait-il dit.

Que Gros n'ait pas été indifférent aux nouveaux moyens d'exposition peut être inféré des conditions dans lesquelles fut exposée la *Bataille d'Aboukir* le 29 et 30 mai 1829 dans la salle des beaux-arts de la rue Taitbout.

Le chroniqueur du *Journal des artistes et des amateurs* qui rapporte l'évènement parle du merveilleux effet que faisait le tableau dans la salle de la rue Taitbout, non seulement à cause du tableau lui-même, mais de la façon dont il était éclairé. L'auteur de l'article juge même qu'une telle mise en scène était superflue. « Une production qui renferme tant de beautés de

[77] Bernard Comment, *Le XIXe siècle des panoramas*, Paris, Adam Biro, 1993.

dessin et de couleur n'avait pas besoin du charlatanisme des toiles vertes et des jours circonscrits », écrit-il[78].

C'est certainement dans le but de créer un effet de « réalité virtuelle » de la bataille d'Aboukir que l'espace de la salle avait été aménagée pour accueillir la grande toile de Gros. Dans un article subséquent du même journal où il est question de la *Vue d'Alexandrie*, un nouveau type de Diorama à petite échelle auquel avait contribué le peintre Isabey, le chroniqueur écrit « Bien que disposée comme au Diorama ; relativement au spectateur, la toile n'est pas autre chose qu'un tableau peint par les procédés ordinaires, sans nulle transparence, mais éclairée avec tout l'avantage possible, comme nous l'avons vu pratiquer dernièrement pour le tableau de la *Bataille d'Aboukir*, dans la salle de la rue Taitbout »[79].

De même que les portraits miniatures tenaient alors lieu de photographies, les Panoramas offraient au début du XXème siècle un nouveau mode de relation, pré-cinématographique, avec l'image.

À la suite du Salon de 1819, dix ans avant l'exposition de la *Bataille d'Aboukir* rue Taitbout, Géricault avait fait traverser la Manche au *Radeau de la Méduse* roulé dans un cylindre.

[78] *La bataille d'Aboukir*, Journal des artistes et des amateurs, 3 :25, 21 juin 1829, pp. 391-392. Le sens de ces mots se trouve éclairci par la description que, dans sa nouvelle *Vendetta*, Balzac donne de l'atelier du peintre Servin, encombré de châssis vitrés garnis de toiles vertes « à l'aide desquelles les peintres disposent de la lumière ». Si les toiles de serge verte étaient utilisées dans les ateliers et les expositions pour éviter les reflets, elles produisaient aussi une multitude de contrastes et de « piquants effets de clair-obscur », écrit Balzac.

[79] *Journal des artistes et des amateurs* du 6 décembre 1829, passage cité dans Pierre Miquel, *Eugène Isabey, 1803-1886: la marine au XIXe siècle: Volume 1*, Maurs-La-Jolie, Éd. de la Martinelle, 1980.

Exposée à Londres dans l'Egyptian Hall de William Bullock à Piccadilly durant plus de six mois, la grande toile avait attiré 40000 visiteurs payant. Un panorama mobile du naufrage de la Méduse par les frères Marshall lui avait alors fait concurrence.

Il est vrai que les toiles peintes des Panoramas atteignaient des dimensions gigantesques (plus de cent mètres de long sur dix mètres de haut), hors de proportion même avec les grands formats de la peinture française. Mais si l'on accepte de lire la *Bataille de Wagram* de Gros à la façon d'un panorama mobile, le manque d'unité statique du tout disparaît au profit de l'enchaînement cinématique des parties. Le panoramiste français Pierre Prévost (1764-1823), dont les productions rencontraient un immense succès populaire dans les rotondes du passage des Panoramas, de la rue Daunou et du boulevard des Capucines, avait d'ailleurs exhibé en 1809 une bataille de Wagram que Napoléon était venu voir l'année suivante. Impressionné par l'effet de recul de l'horizon qu'il avait comparé à une portée de canon, l'Empereur avait envisagé la construction sur les Champs-Elysées de sept rotondes sous lesquelles se seraient déroulées sur d'immenses canevas les grandes batailles du Consulat et de l'Empire.

Gros a certainement été témoin de l'enthousiasme de Napoléon pour les Panoramas, et que la composition de certaines de ses toiles en ait été influencée ne semble pas à priori exclu.

Charles Langlois, colonel d'état-major napoléonien ayant étudié la peinture dans l'atelier l'Horace Vernet, fera d'ailleurs fortune en produisant des batailles d'Empire panoramiques donnant l'illusion de la réalité. Ayant payé son droit d'entrée, chaque spectateur, placé au centre de l'action et embrassant la bataille d'un point de vue surélevé, pourra alors se croire Napoléon juché sur une éminence. Encouragé par ses premières productions, et décidé à en accroître encore la dimension, Langlois fera construire par l'architecte Jacques

Ignace Hittorff une rotonde de 40 mètres de diamètre dans le Grand Carré des jeux des Champs-Elysées. Là, sous le comble suspendu à 15 mètres de hauteur par des câbles, il fera se dérouler en 1843 un panorama de la bataille d'Eylau et l'année suivante une bataille des Pyramides, échos vastement amplifiés des sujets de Gros.

Le succès rencontré par les peintures de Gros faisait se presser aux portes de son atelier maréchaux et généraux dont les portraits, commandés par Napoléon à l'approche de son sacre de 1804, vont se succéder sous son pinceau comme les bulletins de la Grande Armée.

Les nuages qui s'amoncellent dans le lointain font ressortir le velours cramoisi du manteau de Duroc doublé de satin blanc. Les terres confèrent une allure plus martiale a Masséna qui est en botte d'écuyer, sabre de cavalerie au côté – le fond brun de la tente, le jaune du sol, la teinte plus claire des cartes déroulées sur une table, le tissage doré de sa ceinture, l'or de ses épaulettes, l'éclat de ses décorations et la blancheur immaculée de ses gants se combinent pour créer une dynamique chromatique qui projette Masséna en avant de la toile alors même qu'il est debout et immobile.

Le lieutenant Legrand est négligemment accoudé au flanc de son cheval ; la chevelure noire du fils du général Lariboisière est fortement plantée – sa beauté qui n'exclut pas la sauvagerie le fait ressembler aux autoportraits de Girodet et de Delacroix jeunes, et c'est ainsi que sera Géricault.

Les nombreux portraits en pied que Gros peint à cette époque atteignent presque trois mètres de haut ou les dépassent. C'est dans la richesse des costumes et des décorations, mais aussi à l'arrière plan des toiles, dans le détail des paysages, l'architecture des monuments, la fraîcheur des ruisseaux, les mouvements des armées, chevaux et soldats dont chacun semble individualisé, que se retrouve la finesse du peintre de miniatures.

Quant à Murat, Gros expose son portrait équestre de *Joachim Murat, roi de Naples* au Salon de 1812. Mais Murat y est plutôt raide sur sa monture à la bouche écumeuse, et cette raideur est d'autant plus accusée que les visiteurs du Salon pouvaient le comparer avec l'*Officier de chasseurs à cheval de la garde impériale chargeant* exposé la même année. Son auteur : Théodore Géricault, un inconnu. Il a vingt ans.

Ruades

Tandis que Gros exposait la *Bataille d'Aboukir* au Salon de 1806, Girodet son *Déluge* et David le *Sacre de Napoléon*, le martèlement des sabots d'un cheval monté par un adolescent résonnait dans la campagne normande des environs de Mortain. Issu d'une famille bourgeoise de tradition monarchique, Théodore Géricault, contre l'avis de son père et sur l'intervention de son oncle, s'apprête à monter à Paris et entrer dans l'atelier de Carle Vernet, peintre hippique.

Car Géricault a la passion des chevaux. À Paris il les admire au Cirque Olympique de Franconi ; à Versailles il dessine leurs croupes rangées dans les écuries impériales ; en vacances, il les monte jusqu'à l'épuisement. C'est finalement sur un coup de tête qu'en 1812 le jeune homme fait entrer sa monture dans la grande galerie du Louvre.

Ébahis, les visiteurs du Salon de 1812 levèrent les yeux sur l'essor d'une cabrade, de l'encoche des pattes arrière sur la terre glaise à la bouche égarée de l'animal trois mètres cinquante plus haut.

Au moment de peindre l'*Officier de chasseurs à cheval de la garde impériale chargeant*, son premier grand tableau, la vision qu'avait eue Géricault n'était pas celle de David dont les chevaux de Diomède avaient rué dans la lumière de Rome. Ce n'était pas non plus sur un champ de bataille napoléonien qu'il avait vu se cabrer le cheval du chasseur, mais tout simplement, raconte son biographe Charles Clément, un jour qu'il allait à la fête de Saint-Cloud et que, rétif au mors, un cheval pommelé attelé à une carriole d'artisans avait subitement fait un écart et rué dans la poussière[80].

[80] Charles Clément, *Géricault*, Paris, Didier, 1868.

Géricault qui n'avait pas d'atelier à lui, loua une arrière boutique sur le boulevard Montmartre, non loin du musée Grévin, la où le Passage Jouffroy prolonge le Passage des Panoramas – si bien que, par coïncidence, c'est à deux pâtés de maison de l'ancien atelier de la famille Gros que Géricault va peindre le portrait équestre d'Alexandre Dieudonné, lieutenant des guides de l'Empereur.

La croupe ronde et grise de sa monture fait comme une énorme lune sur fond de champ de bataille, de ciel orageux et de hussards chargeant, tandis que le mouvement de sa queue est celui du pinceau du peintre – traversant le Salon, David s'étonnera de ne pas en reconnaître la touche.

À rebours du poli des toiles de l'École, le réalisme saillant de la couche picturale est en effet une des nouveautés de Géricault. Vu de biais, les aspérités du *Chasseur de la garde* accrochent le regard. Aux pieds du cheval, la terre glaise a giclé du sol sous forme de virgules de matière verte et brune telles des mottes de terre arrachées du sol et que Géricault ne s'est pas donné la peine d'aplanir. On caresse du regard la chabraque en peau de tigre, la fraise écrasée de l'uniforme écarlate, le colback au plumet, la pelisse et la culotte de daim collante, le vieil or des passementeries ; la toile elle-même est épaisse comme le cuir des bottes et tannée comme la buffleterie de Dieudonné.

Tout en haut, on découvre l'œil colère du cheval, injecté de sang, sa bouche en fusion, le blé des épis de sa crinière. Telle une comète jaillie de la surface lunaire de la croupe du cheval, la queue brossée au pinceau a gardé l'empreinte du geste de Géricault. Riche en empâtement à la racine des crins, le pinceau épaissi de peinture dorée, devenu rêche en bout de course, avait raclé la toile jusqu'à l'exténuation, laissant ainsi deviner par transparence la couche déjà peinte comme un paysage entrevu à travers une chevelure déployée.

Soudainement, à rebours de toute logique, par une de ces volte-faces qui font aussi partie de sa nature impulsive, Géricault s'arrête sur sa lancée. Il entre dans l'atelier de Guérin et se met aux classiques. Objectif : Rome. Tel un débutant, le peintre du Chasseur couvre des carnets de dessin de figures d'après l'antique, silhouettées d'encre et ombrées de lavis brun.

On peut imaginer Géricault à cette époque tel que le décrira Montfort, tournure élégante, visage emprunt d'énergie, plein d'animation, et qui rougissait facilement.

Le souvenir incestueux de sa tante le torturait – un fils illégitime naîtra de son union avec Alexandrine, la jeune épouse de son oncle Caruel dont il s'était épris.

Ces circonstances ne sont sans doute pas sans influencer sa décision de partir en Italie à ses propres frais après son échec au prix de Rome.

Rome où Théodore va jeter son ardeur dans les courses de chevaux libres.

Lâchés dans l'étroite ruelle du Corso, la course effrénée et brutale des chevaux de Barbarie, du nom de la côte d'Afrique d'où ils viennent, constituait, en fin d'après-midi, le moment fort du carnaval. Ébloui par Michel-Ange et Raphaël, Géricault avait projeté d'agrandir sur des toiles de 10 mètres carrés des scènes de course où des palefreniers descendus du plafond de la chapelle Sixtine enlacent des chevaux plus sauvages que ceux des salles du Vatican.

Dans la Course du musée de Lille traversée de lueurs d'incendie, l'homme exécute avec l'animal une sorte de tango funèbre à la lumière de soupirail qui argente la robe du pur-sang. Arc-bouté, un palefrenier à tunique rouge retient son coursier aux naseaux, tandis qu'un autre, tourné vers lui, attrape le sien par la bouche. La disposition relative des hommes et des chevaux – la couleur des culottes crème ou brune des palefreniers s'accordant avec la robe de leurs animaux – fait que leurs membres se prolongent et s'échangent.

Source de tumulte et de fureur, de refus et de volte-face, cette tentative de fusion dynamise les toiles de Géricault dont l'élan se confond avec celui de la course bientôt lancée.

De même, dans la *Course* du Louvre où les jambes tendues se confondent avec les jarrets fléchis, les colonnes vertébrales prolongent les encolures, la rondeur des fessiers épouse celle des croupes. Les hommes sont étroitement liés aux barberi par le jeu des anatomies qui se répondent et ceci de façon très étudiée comme en témoignent de nombreux dessins préparatoires[81]. Le pivot autour duquel s'effectuent ces échanges est cette région sombre où les reins sont tapis, creuset des forces vives.

Semblablement, à la faveur de l'obscurité propice des terres, autour de zones sombres où les tons bruns s'échangent et les membres se mêlent, unis par les reflets de la lune, Hercule ne fait qu'un avec le lion qu'il renverse et dont il écarte la gueule de ses deux mains, l'âne s'effondre sous le poids de Silène ivre, le bras de Léda devient le cou du cygne, un dessin montre deux arbres inclinés l'un vers l'autre et qui se croisent, tant les études romaines de Géricault sont sous le signe de la tension vers l'unisson, l'abouchement, la fusion dont l'hymen farouche n'est qu'une manifestation.

Le centaure, créature mythologique mi-homme mi-cheval, se livre à des contorsions pour enlever une femme et dans cette triple union si ardemment poursuivie on peut voir l'ébauche d'un mimétisme : palefrenier arc-bouté s'efforçant de maîtriser ses pulsions et sa passion incestueuse, le bouillant jeune

---

[81] Abondamment reproduits dans l'excellente étude de Wheelock Whitney, *Géricault in Italy*, New Haven, Yale University Press, 1997.

homme se confie à son carnet de dessins comme Gros l'avait fait avant lui.

À cette union se joint la violence.

La *Course* du Louvre va s'élancer dans l'étroitesse de la ruelle ; la lumière tombe sur le palefrenier du premier plan, la croupe lunaire de son cheval et de celui qui le devance. Mais une ombre projetée plonge les autres silhouettes dans l'anonymat d'où surgit, découpé sur le mur aveugle, un bras levé pour frapper, un poing brandi, des têtes et des crinières secouées. La frise antique a pris un aspect tragique qui tient à l'inclinaison de l'ombre, à la surface nue sur laquelle s'agitent des silhouettes indéterminées, et dont les contours seuls évoquent la violence.

Quant au pan de mur jaune qui se dresse entre la course et le décor romain au loin, il oblitère la perspective traditionnelle héritée de la Renaissance. Si les lignes de fuite de la façade du temple convergent encore vers le lointain, au niveau du regard du spectateur la perspective est bouchée, et il en résulte un sentiment d'oppression que vient renforcer l'aspect volontairement simplifiés des volumes et des surfaces, comme nous le verrons dans le *Marché aux bestiaux*.

« À bien des égards, Gros est le père moderne de Géricault, concède Clément. C'est à lui certainement qu'il doit d'avoir compris le cheval autrement que ne l'ont fait les Grecs et Vernet. » Ce n'est pas au cheval de *Joachim Murat, roi de Naples* que Géricault devait cette leçon. Mais Géricault, qui comme Delacroix vouait une admiration passionnée à Gros, connaissait bien ses tableaux qu'il copiait dès qu'il en avait l'occasion. C'est d'ailleurs sur la copie qu'il avait faite de la *Bataille des Pyramides* qu'en 1818, un an avant le *Radeau de la Méduse*, il peindra sa *Scène de déluge*.

Crevant les nuages, un astre blafard sculpte d'un ciseau froid la crête des vagues et les anatomies musculeuses cramponnées à un piton rocheux qui émerge tout juste des eaux.

L'orage qui grondait dans la toile grise du *Déluge* de Poussin – l'ancêtre des Déluges de la peinture française peint vers 1660 – a fini par éclater dans celle, noire, de Géricault d'où l'espoir a fui, banni avec le clair-obscur.

Les liens de famille que s'était efforcé de préserver Poussin, et qui étaient sur le point de céder dans le *Déluge* de Girodet où le couple s'apprêtait à être englouti par la tempête, se brisent chez Géricault. De l'homme du *Déluge* de Poussin qui priait, on ne voit plus que les bras sortant de l'eau, éperdument accrochés à l'embarcation qui sombre, vision horrible. La femme qui tendait son enfant à bout de bras est rejetée en arrière sur le dos d'un cheval sauveur qui nage dans la mer. Sur d'autres toiles, les eaux furieuses la rejetteront sur la grève avec son enfant tandis que le cheval ruisselant émergera des flots, entraînant dans sa course le corps supplicié de Mazeppa, un cosaque ficelé à son cheval lancé au galop dont s'était inspiré Byron et en qui Denise Aimé-Azam verra Géricault lui-même[82].

Une analyse aux rayons X révéla sous le *Déluge* des triangles blanchâtres, la crinière du cheval et un bras tendu[83]. Géricault s'était servi d'une copie de la *Bataille des Pyramides* que Gros avait exposé au Salon de 1810 qu'il avait sûrement

[82] Denise Aimé-Azam, *Mazeppa. Géricault et son temps*, Paris, Plon, 1956.

[83] Pierre Granville, *L'une des sources de Géricault révélée par l'identification d'une radiographie*, Revue du Louvre, 3, 1968, p. 139-146. Comme le fait remarquer l'auteur, la radiographie montre *La bataille des Pyramides* telle qu'elle était apparue à Géricault et ses contemporains avant les rajouts.

visité[84]. Il avait retourné le canevas et l'avait recouvert par la peinture d'eaux noires pour le nouveau projet, de sorte qu'à travers la couche picturale de son *Déluge* on ne distingue plus que faiblement le souvenir de l'Empire qui venait de sombrer.

Lorsqu'en 1815, après la chute de l'Empire, il avait fallu restituer les œuvres d'art conquises, Géricault ému avait assisté dans la cour du Louvre au démembrement des collections de peintures qu'il avait copiées avec tant d'ardeur.

Michelet, qui faisait parler Mademoiselle de Montgolfier, réveiller ses souvenirs comme il dit, rapporte cette scène. « J'allais à peu près tous les jours à Trianon, avec mon amie, Mme Belloc, peindre l'Arcadie du Poussin », explique Mademoiselle de Montgolfier. Par une belle après-midi d'automne, Géricault très animé était entré en compagnie du peintre Paulin Guérin dans la galerie où peignaient les jeunes femmes. Théodore narrait à son compagnon sa douleur de voir repartir les tableaux que les campagnes de Napoléon avaient rassemblés au Louvre.

— Je me suis tenu tout le temps dans la cour pour les voir partir et les pleurer un à un, disait-il d'une voix étranglée par l'émotion[85].

Delacroix, pour sa part, se désolera de voir retourner à leurs lieux d'origine cette « réunion de merveilles telle que l'œil des hommes n'en verra jamais de semblables ». L'accusation de

[84] Bernard Chenique, *Géricault : une vie*, in *Géricault*, Galeries nationales du Grand Palais, Paris, Réunion des musées nationaux, 1991.

[85] « En venant, il remplissait ses poches de marrons d'Inde tombés dans le parc, et tout en causant, il les taillait à ravir, d'après les figures du Poussin », poursuit Mlle de Montgolfier. L'anecdote rapportée par Michelet, ami des Bellocs, est citée par Denise Aimé-Azam.

pillage ne vient pas à l'esprit de Delacroix qui, en artiste et en homme de son époque, se réjouit que le Louvre ait réuni « tout ce que la peinture avait produit de plus parfait pendant trois siècles ». Peut-être tout au plus goûtait-il l'ironie qui avait voulu que la rançon exigée par l'armée victorieuse aux villes assiégées eut été un Titien, un Rubens, un Corrège, une madone de Raphaël douce, aimante, lovée et souriante dans son or.

Dans cette chronique de la Restauration qu'est *La cousine Bette* de Balzac, l'ancien négociant Crevel pourra croiser grotesquement les bras à la Napoléon dans le salon du baron Hulot. Devenu garde national et élu de Paris, on le verra, adossé à la cheminée, contempler avec dédain les rideaux de soie, anciennement rouges, « déteints en violet par l'action du soleil, et limés sur les plis par un long usage, un tapis d'ou les couleurs avaient disparu,… enfin les haillons de l'opulence qui faisaient de ce grand salon blanc, rouge et or, un cadavre des fêtes impériales ».

Cadavre des fêtes impériales, c'est ainsi que la peinture de Gros apparaîtra désormais à une partie des commentateurs et du public. Si son génie s'épuise si rapidement à la chute de l'Empire qui l'avait soulevé, c'est aussi qu'il a dit ce qu'il avait à dire, et que refaisant toujours le même tableau, l'invention tourne à la formule. Bessières blessé dans la *Bataille de Wagram* reprend la position du grand pestiféré à genoux de Jaffa, mais avec une telle raideur et un tel manque de naturel qu'on en est gêné. Le geste du bras tendu, si éloquent dans *Jaffa*, si émouvant dans *Eylau*, n'aura plus la même force dans *Le départ de Louis XVIII* ou *L'embarquement de la duchesse d'Angoulême*, les deux grands sujets que la Restauration va toutefois inspirer à Gros. Les élans se figent et les poses deviennent convenues. Il faut désormais absolument que les bras de l'assistance se tendent, que les officiers expriment leur désarroi en s'empressant gauchement, qu'un soldat mette un genou à terre. L'histoire se répète, Gros aussi, mais sa capacité de renouvellement n'est pas si grande qu'on ne sente bientôt l'épuisement et la redite du même.

Un sujet idéal, et qu'il n'a jamais peint, eut été les adieux de Fontainebleau ; à défaut il peint ceux des Tuileries. Si la souffrance et l'éloignement des campagnes avaient servi Gros admirablement, parmi les épisodes de la Restauration il en est qui vont le toucher profondément : ceux de l'exil et du départ. Louis XVIII qui fuit, la duchesse d'Angoulême qui s'en va, prolongeront les gestes de la main de Bonaparte, puis de Napoléon, gestes de courage, de compassion et d'adieu.

En 1814, le général Lariboisière avait dit adieu à son fils. Tous deux regardaient à gauche en dehors du tableau dans la même direction que Bonaparte à Arcole et Christine Boyer à Plessis-Chamans. Car c'est souvent de la gauche que vient la mort chez Gros. Tous la regardent avec courage, le général Fournier-Sarlovèze, Bonaparte tourné vers les pestiférés, la duchesse d'Angoulême qui rejette la tête en arrière. Lasalle l'ignore, Murat aussi, et à Eylau, où elle est partout, Napoléon lève les yeux au ciel.

Mais la mort chez Gros n'est pas tant singulière. Elle entre plutôt dans un système général de manifestation de la séparation qui oriente sa peinture comme elle a marqué sa vie. « Un hymne terrible composé en l'honneur de la fatalité et de l'irrémédiable douleur », ce que Baudelaire écrira de Delacroix, il aurait pu le dire de Gros.

Œdipe et Antigone

Nommé professeur à la classe des Beaux-Arts de l'Institut à la place de David qui en avait été exclu, il faudra l'injonction de son ancien maître pour que Gros prenne des élèves[86]. La responsabilité de chef d'école désormais incombe à Gros, et la raideur accrue de ses compositions trahit ses efforts pour atteindre à la rectitude davidienne des spartiates de *Léonidas au passage des Thermopyles*.

« Il était terrifié et écrasé sous la discipline de David; il avait honte de son génie », écrit Clément pour qui, lorsque Gros s'abandonnait à ses inspirations, il croyait se tromper, trahir son maître. « Il se repentait d'un chef-d'œuvre comme d'une faute. »

De Bruxelles, où il s'est exilé au retour des Bourbons, David ne cesse en effet de gourmander Gros. « Vous n'avez pas encore fait ce qu'on appelle un vrai tableau d'histoire », lui écrit-il le 22 juin 1820. « Saisissez vos pinceaux, produisez du grand pour vous mettre à votre juste place », ordonne le peintre du *Serment des Horaces* qui donne des sujets à son ancien élève : la jeunesse d'Athènes abandonnant sa famille pour suivre Thémistocle, Alexandre sauvant son père Philippe, Camille punissant l'arrogance de Brennus, Régulus retournant à Carthage.

---

[86] Gros enseignait de 11h du matin à une heure de l'après-midi dans un atelier qui donnait dans la cour d'honneur du Collège des Quatre-Nations, aujourd'hui l'Institut de France, quai Conti. Ouvert de huit heures du matin à la nuit, l'atelier contiendra jusqu'à 60 étudiants. Une peinture d'Auguste Massé en montre l'intérieur, avec les élèves absorbés dans l'étude d'un nu posant sur l'estrade près du poêle. Au mur se trouve une effigie de David couronnée de laurier. Par la fenêtre on voit la coupole de l'Institut.

— Vous nous devez la *Mort de Thémistocle* ! l'exhorte David sans comprendre que c'était celle de Gros qu'il précipitait ainsi.

Mais alors que son ancien maître le tançait de Bruxelles pour qu'il peigne des tableaux d'Histoire, Gros avait conçu une composition sur le thème d'*Œdipe et Antigone*.

Sur le tableau aujourd'hui perdu, Gros avait choisi de montrer, sur fond d'orage avec le temple des Euménides et la mer au loin, Œdipe aveugle tendant la main avec appréhension en direction de son destin tandis qu'Antigone, mue par un élan de piété filiale, le regard suppliant, étreint de ses mains le corps de son père pour le retenir. Ce devait être une peinture expressive de l'état d'âme du peintre lui-même, comme Gros en a tant fait au cours de sa vie – sur un dessin à l'encre lavé de gris où on voit Antigone poser son front sur celui d'Œdipe résigné, l'ombre de la capuche du vieillard, les hachures de sa barbe et la chevelure de sa fille leur font un petit nid de tendresse[87].

Antigone retenant son père dont la décision de partir la déchire incarne en effet le thème de la séparation, si important chez Gros. « À ce terrible instant d'une séparation qui doit être éternelle, écrit Delestre, elle est affaissée sous le poids de ses douleurs; son âme entière a passé dans son regard suppliant, sur ses lèvres murmurant la prière, dans ses mains placées avec amour et vénération au devant de la poitrine d'un père, pour s'opposer à sa marche et faire un appel à son cœur. »

La jeune fille vêtue de blanc se renverse en arrière, son cou gonflé par la plainte et l'angoisse, décrit encore Delestre pour

---

[87] Le dessin du Fogg Museum de l'université de Harvard, dit représenter Œdipe et Antigone, ne correspond pas à la description de la peinture donnée par Delestre. Il s'agit sans doute d'une étude plus ancienne qui remonterait selon Philippe Bordes à la période italienne (Agnes Mongan, *David to Corot: French Drawings in the Fogg Art Museum*, Cambridge, Harvard University Press, 1996).

qui *Antigone* fut une des plus heureuses créations de Gros. Mais surtout, attentif à tout ce qui fait vibrer la fibre sensible de son maître, Delestre devine que, pour cette raison même, la toile vient de Gros lui-même, de son passé, de la façon dont il percevait le monde. « Il en a trouvé les éléments dans son culte à la mémoire de ses parents, dans sa manière vive et respectueuse de comprendre les liens rattachant l'un à l'autre l'enfant et l'auteur de ses jours », écrit-il encore[88].

La force de ces liens, Gros les ressentait dans sa chair. Non seulement parce que ce sont des liens de famille, mais parce que c'est ainsi qu'il entendait l'amour d'autrui. À propos d'une éventuelle direction de l'Académie de France à Rome, un interlocuteur lui faisait valoir qu'un tel voyage « doit faire craindre de s'éloigner de ceux que l'on aime, sans compter encore les dangers à redouter pour soi », ce à quoi Gros avait répondu « Ceux que l'on aime, c'est là ce que j'appelle soi. » À cause de ce rapport symbiotique à l'autre, l'éloignement qui nous eût causé de la peine provoquait chez Gros la souffrance d'un déchirement.

L'autre aspect du mythe d'Antigone auquel Gros devait être sensible est le thème de la loyauté. Antigone qui s'attache aux pas de son père déchu et aveugle dans les rues de Thèbes ne pouvait qu'inspirer en lui le sens du dévouement dont il était plein. Le serment, omniprésent dans la peinture de son maître David, Gros en éprouvait dans sa vie la grave solennité.

Si Napoléon et les campagnes de l'Empire avaient donné à Gros l'occasion de faire résonner cette corde sensible, les revers que vont rencontrer les Bourbons lors des épisodes des Restaurations successives lui offriront encore du matériel

---

[88] Jean-Baptiste Delestre (1800 – 1871), élève de Gros mais aussi auteur de *Études des passions appliquées aux beaux-arts*, puis *De la physiognomonie*, était particulièrement sensible aux signes par lesquels se manifeste un état d'âme.

contemporain propre à l'émouvoir. L'Histoire, chez un peintre sensible tel que Gros, offre toujours des déguisements modernes sous lesquels faire revivre les mythes antiques qui ont pour lui valeur d'archétype[89].

Ayant rendu au culte catholique l'église Sainte-Geneviève de Soufflot convertie en Panthéon national, Napoléon avait ordonné d'y représenter l'*Apothéose de Sainte Geneviève*, patronne de Paris, et c'est à Gros que fut confié cet immense travail dont l'évolution sur treize ans s'effectuera au rythme heurté de l'Histoire.

Initialement, afin d'inscrire Napoléon dans la grande tradition des souverains de France, il fut question de l'y montrer avec Marie-Louise en compagnie de Saint Louis et Marguerite, Charlemagne et Hildegarde, enfin Clovis et Clotilde, le couple fondateur de la première église. Sur l'esquisse initiale que Gros avait présentée au comte de Montalivet en 1811, les quatre groupes baignent dans la lumière dorée que fait « une gloire d'anges emportant au ciel la châsse de sainte Geneviève », selon les mots même du peintre.

Mais l'évolution des régimes fit que, la charte de la Restauration ayant remplacé le Code Civil, c'est finalement Louis XVIII et sa nièce la duchesse d'Angoulême que Sainte Geneviève protègera sous la coupole du dôme du Panthéon. Dans la description initiale de son projet, Gros comparait la

[89] On a vu dans la pitié qu'inspirent les sujets choisis par Gros un effet de la propagande royaliste. Mais Gros n'a pas besoin de directives dans ce domaine. Les drames de la séparation, du départ et de la fuite sont ceux qu'il insuffle naturellement à sa peinture pour les avoir connus lui-même.

duchesse d'Angoulême, fille de Louis XVI, à Antigone[90], mais par égard pour la mémoire du roi, l'allusion à la figure mythique sera écartée dans la version officielle.

Si Gros ne put se servir de cette association à Œdipe et Antigone qui lui était chère pour le dôme du Panthéon, il s'en souviendra sans doute au moment de représenter la fuite nocturne de Louis XVIII et l'embarquement de la duchesse d'Angoulême sur fond d'orage.

Ayant appris le retour de Napoléon de l'île d'Elbe, Louis XVIII fuit le château des Tuileries dans la nuit du 19 au 20 mars 1815. Dans *Les adieux de Louis XVIII quittant le palais des Tuileries*, le roi se tourne vers ses officiers restés sur le palier avant de descendre l'escalier où sont déjà engagés les serviteurs porteurs de flambeaux.

La lumière des flambeaux éclaire les visages de Louis XVIII et son entourage, leurs culottes blanches, leurs galons et leurs épaulettes ainsi que les profils des partisans massés sur les marches et qui se penchent, éplorés, vers le roi. Au-dessus des têtes, les mains qui s'agitent font comme des battements d'aile d'oiseaux qui s'envolent.

Avec le temps, la dégradation de la toile, sensible déjà aux yeux de Delestre qui se plaint de la mauvaise qualité des siccatifs vendus sur le marché, a plongé encore davantage Louis XVIII et ses fidèles dans l'obscurité nuancée de clair-obscur qui faisait comparer le *Départ de Louis XVIII* à la *Ronde de nuit* de Rembrandt. Si on aperçoit encore les bougies des lustres par la porte des appartements restée ouverte au fond, on ne distingue plus qu'à peine le reflet de la lune qui, venu de la fenêtre à gauche, lui fait contrepoint. S'est perdu

[90] L'allusion était d'ailleurs souvent faite. Le roi Louis XVIII lui-même appelait la duchesse d'Angoulême son Antigone. Lors d'une représentation de l'opéra *Œdipe*, il avait serré la duchesse dans ses bras sous les applaudissements d'une salle comble.

ainsi un effet si typique de Gros, que la toile de Rembrandt toute prestigieuse qu'elle soit ne possède pas, et qu'aucune gravure ne peut restituer : le contraste entre la lumière chaude et rassurante de l'intérieur du Palais et celle, froide, de la nuit d'où montent la clameur du peuple massé dans les jardins des Tuileries.

Entre l'une qu'il doit quitter et l'autre qu'il doit fuir, le roi balance un instant, qui est l'instant du tableau de Gros. Et en cet instant, par un effet miroir qui coïncide avec ce retournement de l'Histoire, la composition du *Départ de Louis XVIII* reflète celle des *Pestiférés de Jaffa*. Inversé, le bras tendu du monarque debout parmi ses officiers est celui, inversé, de Bonaparte entouré de son état major. Tout deux se tiennent à l'intérieur d'un disque de lumière et la disposition des figures qui les entourent crée une dépression à leur endroit – aux pestiférés allongés répondent les ombre qui elles aussi s'allongent aux pieds du roi –, de sorte que, dans le *Départ de Louis XVIII* aussi, on a aussi l'impression d'une vague qui se creuse ou d'une mer qui s'ouvre.

Un officier de la garde nationale intercède entre le roi et l'officier aux mains jointes vers qui il tend le bras de la même façon que le chirurgien-major Desgenettes tentait de s'interposer entre Bonaparte et le marin qui exposait ses bubons.

L'officier ophtalmique qui tendait l'oreille pour mieux entendre la voix de Bonaparte trouve un écho dans le soldat qui s'approche de la fenêtre d'ou viennent les cris du peuple qui envahit le jardin des Tuileries – derrière lui, tournés vers la croisée, les profils des domestiques hagards et blanchis par la lune ajoutent une note d'effroi.

À l'autre extrémité du tableau, le désespoir des témoins de la fuite du roi qui s'échelonnent sur les degrés de l'escalier supérieur renvoie à l'accablement des soldats de la campagne Égypte Avec raison, cependant, Delestre trouve incongru le grenadier de la garde national qui s'agenouille au premier plan devant Louis XVIII et qui n'était pas sur le dessin préparatoire. « Son geste appartient aux coutumes de l'Orient et non pas aux nôtres », observe Delestre. N'est-ce pas justement en repensant à Jaffa que Gros l'a rajouté puisqu'il se trouve faire pendant à l'infirmier agenouillé devant Bonaparte ?

Étonnant renversement de l'Histoire, la correspondance entre les *Pestiférés de Jaffa* de 1804 et le *Départ de Louis XVIII* de1816 renvoie aussi à deux tournants de la carrière de Gros : entré avec confiance comme Bonaparte dans la lumière de Jaffa, Gros finira par fuir comme Louis XVIII dans l'obscurité.

L'eau verte de la Gironde attend la duchesse d'Angoulême. Une chaloupe s'est approchée de la jetée pour l'embarquer. Au moment de partir, la dauphine pivote sur elle-même, la tête rejetée en arrière, et lance ses bras dans la direction de ceux qu'elle abandonne et qui se pressent autour d'elle pour la retenir. Chapeaux panachés et toques à plumes se mêlent aux bonnets de soldats et aux coiffes du peuple ; les rubans flottent, les drapeaux claquent, les bras se lèvent, les mains s'agitent. Un peu d'eau jaillit entre la barque et la jetée où se tient un dernier instant l'Antigone de Gros.

Certes, le thème d'Antigone et Œdipe en exil à Colonne était populaire chez les artistes français au tournant du siècle[91]. Œdipe n'évoquait alors que la figure du proscrit, non celui du meurtrier involontaire de son père comme c'est le cas aujourd'hui. On ne peut cependant s'empêcher d'observer que le mythe d'Œdipe, quasiment inchangé, résonne de façon singulière avec les tribulations artistiques de Gros qui le

---

[91] James Rubin, *Oedipus, Antigone and Exiles in Post-Revolutionary French Painting*, Art Quarterly, 36, 1973, p. 141-171.

conduiront, bien malgré lui, au meurtre symbolique de la peinture de son maître David.

Les émotions d'Antigone qui se jette au devant de son père qu'elle a suivi en exil sont aussi celles de Gros qui ne cessera de militer en faveur du retour de David en France (la version française de la pièce de Sophocle donnait effectivement à Antigone un rôle de conciliatrice). En dépit de ses efforts, David ne bougera pas, et lorsque Gros ira le voir à Bruxelles en décembre 1823 il sera si impressionné qu'il sera obligé de s'asseoir sur les marches du palier. En retour pour la médaille gravée en son honneur que Gros lui apporte, David lui donnera une gravure du *Léonidas* avec la dédicace « donné à Mr. Gros, par David, son maître et son admirateur ».

Un emblème de la présence impérieuse de David dans la vie de Gros se trouve dans le portrait que le peintre fait de sa femme Augustine Dufresne en 1822. On y voit Augustine qui pose devant l'escalier qui conduisait de l'atelier du peintre à l'appartement que les époux habitaient au troisième étage du 14 rue des Fossés-Saint-Germain-des-Prés. À l'arrière plan, à peine visible, Gros est dans son atelier en train de peindre *François I et Charles-Quint visitant l'église de Saint-Denis*, tandis qu'au fond, contre le mur, les immenses figures des *Pestiférés de Jaffa* se devinent derrière un rideau.

Gros s'est représenté à une échelle si petite, comme due à un éloignement disproportionné, qu'on le distingue à peine. Par contraste avec son propre effacement, sur une table à gauche au premier plan, un buste sévère de David est posé en évidence.

Un autre tableau qui, outre sa valeur historique, nous parle de Gros, est celui où François-Joseph Heim a représenté la centaine de personnages (cent huit exactement[92]), peintres pour la plupart, qui assistaient à la remise des prix par Charles X dans le Salon Carré du Louvre le 15 janvier 1825.

Dans *Charles X distribuant des récompenses aux artistes à la fin du Salon de 1824* Carle Vernet vient de recevoir le cordon de l'ordre de Saint-Michel des mains du roi debout. Au premier plan se tiennent les membres de l'Institut, dont Gros vu de profil, plus grand que les autres, jambe fléchie comme s'il avançait selon une pose qui devait lui être familière[93]. Près de lui se trouve le baron Regnault, ancien concurrent de David. À droite, c'est le sculpteur Ramey qui avec le peintre Naigeon avait été trois ans plus tôt témoin de la naissance de Baudelaire. Devant Gros se tient Horace Vernet, fils de Carle, peintre de batailles et ami de Géricault qui vient de mourir.

Entre Gros et Horace Vernet, se trouve Elisabeth Vigée-Lebrun.

Elle a détourné ses yeux de la distribution des prix pour regarder Gros qu'elle avait connu enfant. Ce faisant elle se tourne vers nous, et le regard chaud et attentif qu'elle porte sur Gros restitue le moment d'une scène intime qui se joue à l'insu non seulement de la centaine de personnages assistant à la remise des prix dans le Salon Carré mais du peintre lui-même.

Une fois remarquée, cette scène émouvante qui se joue à l'intérieur de ce long tableau acquiert une importance d'autant plus signifiante qu'elle contraste avec le morceau d'anthologie historique qu'est *Charles X distribuant des récompenses aux*

[92] Isabelle Compin et Anne Roquebert, *Catalogue sommaire illustré des peintures du musée du Louvre et du musée d'Orsay,* Volume 3 : école française, Paris, 1986.

[93] Dans un article sur Gros paru dans le *Plutarque français*, vol 8, Paris, 1841, le Vicomte de Senonne, membre de l'Académie des Beaux-Arts, montre une gravure de Gros devant son chevalet dans la même position.

artistes à la fin du Salon de 1824 – où parmi les tableaux accrochés dans le Salon Carré on distingue le *Portrait de Charles X* par Gros, le *Philippe V proclamé roi d'Espagne* de Gérard et le *Vœu de Louis XIII* d'Ingres, qui se trouve lui-même parmi les artistes à la droite de Charles X.

Dans ses Souvenirs, Elisabeth Vigée-Lebrun témoignera d'aspects méconnus de Gros, sa conversation piquante, les images pleines d'originalité et de force par lesquelles, peu bavard de nature, il rendait sa pensée. Elle portera sur son caractère difficile un éclairage bienveillant. À la fois plus nuancé que le jugement des critiques et dépouillé de la dévotion excessive dont font preuve certains des exégètes de Gros tels que son élève Delestre, son témoignage a les accents de la vérité.

Le 3 novembre 1824, Charles X visite les peintures de Gros sous le dôme du Panthéon, dont la décoration représentait douze ans de travail et mille mètres carrés de peinture. Vu d'en bas toutefois, la fresque de Gros située à 70 mètres de hauteur est quasiment invisible. À l'aide d'un téléobjectif on se rend compte que les personnages de quatre mètres de haut qui la composent sont écrasés par la courbure de la calotte.

Delacroix, qui saura corriger cet effet de courbure en allongeant la hauteur de ses personnages dans ses décorations murales à venir, analyse la situation en expert. « Dès le principe, il dut s'apercevoir que tous ses efforts ne pourraient remédier à la disposition étranglée de la corniche, laquelle, rétrécissant excessivement l'orifice de la coupole, réduisait le peintre à exécuter son tableau pour ceux qui auraient le courage d'aller l'admirer de près, à deux cents pieds au-dessus du sol, et c'est précisément le parti auquel Gros se réduisit. »[94]

[94] Eugène Delacroix, *Gros, op. cit.*

Mais, une fois l'ascension de la coupole accomplie (Stendhal a compté 552 marches), le recul manque pour apprécier les figures gigantesques. Anticipant ces problèmes, Gros avait suggéré de représenter les quatre groupes dans les angles de la coupole inférieure et ne garder que Sainte Geneviève au sommet, dans les nuages pour ainsi dire. Ayant vu nombre de décorations murales en Italie, il devait être conscient des possibilités à exploiter[95], un art où Delacroix excellera. Mais on ne l'avait pas écouté et le peintre s'était exécuté.

« Ce qui confirme dans l'opinion que l'artiste avait la conscience de cet inconvénient, c'est que cet immense tableau sphérique est exécuté comme un tableau de chevalet destiné à être vu à une distance médiocre... On ne peut se refuser à admirer la grandeur des intentions. Cependant on reste froid devant ces immenses figures dont le gigantesque n'est pas sauvé par quelque chose de plus pittoresque dans l'arrangement de la disposition », continue Delacroix dans son essai sur Gros.

Pourtant, il y a de beaux morceaux, tels que le couple de Clotilde et Clovis.

Converti à la religion catholique par Clotilde qui lève sa main en geste annonciateur, Clovis renonce aux autels des druides, et pose sa main sur le livre des Évangiles pour créer la première église. Il existe au Petit Palais une étude peinte où

[95] Dans la vente après décès de l'atelier de Gros, on mettra aux enchères deux esquisses que le Guerchin avait effectuées pour les voussures du dôme de la cathédrale de Plaisance. L'acquisition de ces esquisses qui représentaient les évangélistes et les prophètes avec des anges dans le ciel offre un intérêt particulier dans le contexte de la difficile décoration du dôme du Panthéon. René Huyghe a d'ailleurs émis l'hypothèse d'une influence du Guerchin sur Gros, notamment par ses figures de premier plan dont les membres énormes envahissent le devant de l'espace pictural (René Huyghe, *La relève de l'imaginaire*, Paris, Flammarion, 1976).

l'expression des visages, la délicatesse des tons et la richesse du coloris confère à la scène une intimité inattendue qui fait de Clovis et Clotilde un des couples les plus émouvants que Gros ait peint.

Sur un tableau de Louis Nicolas Lemasle, *Le Roi Charles X visitant les peintures de Gros au Panthéon, 3 novembre 1824*, on voit Gros, chevelure abondante et la jambe droite en avant, s'incliner devant Charles X. « Monsieur, il y a plus que du talent dans cette vaste composition, il y a du génie », lui fait pompeusement Charles X qui lui remet 50000 francs et le fait baron.

Tout en haut cependant, des petits anges s'envolaient emportant l'âme du peintre.

— Hélas ! Maigreur, inutilité, devra concéder Delacroix dans son journal au retour d'une visite du Panthéon le 19 janvier 1847.

Delacroix est d'autant plus affecté par ce déclin que, dans sa jeunesse, Gros avait été pour beaucoup dans son élan vers la peinture.

Le passeur

Comme Géricault l'avait fait pour son *Chasseur* en 1812, et dans un même élan, c'est sous le coup d'une impulsion que Delacroix décide d'envoyer un tableau au Salon de 1822 alors même que le temps manque. Après un « travail de chien », il en vient à bout et c'est un succès.

Pour son premier grand tableau, dont le titre annoncé dans le livret du Salon était *Dante et Virgile conduits par Phégias traversent le lac qui entoure les murailles de la ville infernale de Dité*, Delacroix est allé chercher les modèles anciens dans la *Divine Comédie* de Dante qui lui sert de nautonier pour atteindre les rivages romantiques. Ce faisant, il retrouve sous les traits d'Hector l'effigie davidienne au royaume des morts tandis qu'Endymion accroché au flan de la barque poursuit dans les eaux du Styx son rêve voluptueux, indifférent à ce qui l'entoure comme la figure flottante du *Déluge* de Girodet.

Dans l'aile Denon du Louvre, comme si le courant souterrain amorcé par David et ses élèves venait, quarante ans plus tard, porter les espoirs de toute une nouvelle génération, Dante/Delacroix lève la main en signe de reconnaissance vers le fond de la salle Daru et dans la direction des autres grands formats de la salle Mollien : le *Radeau de la Méduse* qui le précède, mais aussi les *Pestiférés* de Gros devenus les damnés tandis qu'au loin les murailles de la ville infernale de Dité font écho à celles de Jaffa[96].

---

[96] « Nous approchons de la ville qui s'appelle Dité, explique Virgile à Dante dans le Chant VIII de l'*Enfer*. C'est le séjour le plus peuplé; c'est là que tu verras des ombres qui ont commis de plus grands crimes.

— En effet, répond Dante traduit par Artaud de Montor, j'aperçois déjà ses mosquées ; elles sont enflammées comme si le feu les dévorait.

Sans Gros, Delacroix, non plus que Dante, ne serait parvenu à appareiller. Aussi, dans cette peinture allégorique, le dos bombé par les efforts qu'il doit fournir pour ramer dans l'eau tumultueuse du romantisme que lui-même avait fait surgir, nous voyons volontiers en Phlégias pilotant la barque de Dante une effigie musculeuse de Gros dans son rôle de passeur.

Condamné à faire franchir le Styx aux âmes pour avoir voulu brûler le temple d'Apollon, empêtré, le vent lui ayant rabattu son manteau sur le visage et défait sa longue chevelure qui n'est plus retenue, Phlégias/Gros, dont on dit qu'il aurait même payé le cadre de *Dante et Virgile*, lance métaphoriquement la carrière du jeune peintre qui l'admirait.

Lorsqu'ils se rencontrent au Salon, Gros fait à Delacroix le compliment de le comparer à Rubens et lui accorde la permission de venir le voir dans son atelier rue des Fossés-Saint-Germain-des-Prés

« J'ai pris ces jours-ci la résolution d'aller chez M. Gros, et cette idée m'occupe bien fortement et agréablement », écrivait Delacroix le 12 septembre 1822 dans son Journal.

Le grand peintre l'avait laissé musarder dans son atelier. S'y trouvait peut-être une copie des *Pestiférés de Jaffa* tel qu'il apparaît derrière le rideau écarté au fond du *Portrait d'Augustine Dufresne, Baronne Gros*, les tableaux eux-mêmes étant invisibles à cette époque. Plus que ne l'eussent fait les toiles, ce sont les esquisses, libres, vivaces, papillotantes de

— Oui, c'est le feu éternel, dont elles sont pénétrées, qui leur donne la couleur rougeâtre que tu remarques dans cette partie plus basse de l'Enfer. »
Dante Alighieri, *La Divine Comédie de Dante Alighieri, traduite en français par M. le chevalier Artaud de Montor*, Paris, Firmin Didot frères, 1859.

couleurs, attirent le regard du jeune peintre[97]. Au moment de partir, le chapeau de Gros avait roulé par terre, Delacroix s'était précipité pour le ramasser, et leurs mains s'étaient effleurées. À ce contact fortuit, emprunt d'une sentimentalité entre hommes qui fut celle d'une autre époque, Piron raconte que le cœur de Delacroix avait battu bien fort et qu'il avait cru son émotion partagée[98]. Cette rencontre entre l'enthousiasme du jeune homme et l'amertume du peintre sur le déclin fait figure de passage de témoin entre Gros et Delacroix.

Un autre passage de témoin avait eu lieu deux ans plus tôt. « Il vient de m'arriver une commande... un tableau pour un évêque de Nantes », écrivait Eugène Delacroix à sa sœur Henriette le 28 juillet 1820. Le destinataire n'était pas Delacroix, qui n'a que 22 ans, mais Géricault, à qui le comte de Forbin, directeur des Musées royaux, a passé la commande d'une toile représentant la Dévotion au Sacré-Cœur de Jésus et de Marie pour la cathédrale Saint-Pierre de Nantes.

On a dit que Géricault n'en voulait plus pour des raisons de santé, mais à cette époque il s'activait pour une exposition du *Radeau de la Méduse* à Londres. Clément prétend quant à lui que Géricault ne s'intéressait pas à la peinture religieuse. Cependant, au Louvre il avait copié l'*Assomption de la Vierge*, le *Martyre de saint Pierre* et la *Mise au tombeau* de Titien.

Toujours est-il qu'en grand secret Géricault va repasser la commande à Delacroix qu'il avait rencontré dans l'atelier de Guérin et qui avait posé pour son *Radeau de la Méduse*.

Après avoir longuement recherché la composition de sa *Vierge du Sacré-Cœur*, Delacroix montre la Vierge un bras

---

[97] Sébastien Allard, *Dante et Virgile aux enfers*, Paris, Réunion des Musées Nationaux, 2004.

[98] Achille Piron, *Eugène Delacroix: sa vie et ses œuvres*, Paris, 1865.

autour d'une croix et l'autre levant le Sacré-Cœur d'où perle une goutte de sang, deux couples d'angelots enlacés, en bas un personnage pensif comme le Marius Sextus de Guérin qui se morfond à l'arrière du radeau de la Méduse, un couple inquiet qui lui aussi semble venir de Géricault. Prévu pour la cathédrale de Nantes, le tableau sera finalement placé dans la cathédrale d'Ajaccio.

Peinte dix ans plus tard par Delacroix, la Liberté guidant le peuple sera la sœur cadette de la Vierge du Sacré-Cœur. Mais plutôt qu'une madone assise sur un nuage, la croix appuyée sur son épaule et qui tend un cœur pourpre, la Liberté grimpée sur une barricade, tient d'une main un fusil à baïonnette et brandit de l'autre le drapeau tricolore – seule peut-être la silhouette de Notre-Dame, à peine visible à travers la fumée des poudres qui a remplacé le saint nuage, évoque-t-elle cette lointaine descendance. Les angelots qui s'embrassaient dans *Vierge du Sacré-Cœur* se sont armés dans *La Liberté guidant le peuple*, et les deux hommes qui étaient au pied de la Vierge de 1821 gisent sur les pavés de Paris en 1830.

C'est qu'entre temps, séparant la Vierge de la Liberté, il y aura eu le massacre des populations grecques par l'armée turque.

Soumis à l'Empire ottoman depuis quatre siècles, les Grecs avaient proclamé leur indépendance en 1822. La ville de Missolonghi, défendue par 4000 Grecs, fut alors assiégée par une armée de 35000 Turcs et le massacre des populations civiles avait ému l'opinion publique. Un poète, Byron, s'était précipité ; il y trouvera la mort – c'est sa main qui sort d'entre les blocs de pierre éclaboussés de sang de *La Grèce sur les ruines de Missolonghi* de Delacroix. « Les turcs ont passé là. Tout est ruine et deuil », résumera Victor Hugo dans ses *Orientales*.

Une exposition de peinture fut organisée en 1826 par le comité philhellénique de Paris dans la galerie Lebrun, fondée par le mari d'Elizabeth Vigée-Lebrun rue du Gros-Chenêt, où s'organisaient des expositions en faveur de causes diverses.

Autour de *La Grèce sur les ruines de Missolonghi*, fraîchement peint par Delacroix, les visiteurs avaient pu revoir *Andromaque pleurant Hector* et le *Serment des Horaces* de David qui venait de s'éteindre à Bruxelles, le *Marcus Sextus* de Guérin, la *Danaé* de Girodet, ainsi que des croupes de chevaux de Géricault. Quant à Gros, le conservateur des abattoirs généraux de la ville de Paris Louis-Charles Bizet avait prêté ses esquisses des *Pestiférés de Jaffa* et de la *Bataille de Nazareth*. À propos de celle-ci, la notice explicative des peintures exposées dans la galerie Lebrun rappelait comment le général Junot, à la tête de 500 Français, avait battu une cavalerie ennemie composée de six mille Turcs et Arabes, exploit que les Grecs n'avaient pas su l'accomplir ainsi qu'en témoignaient les victimes des *Massacres de Scio* de Delacroix, en partie dévêtus et jetés pêle-mêle sur le sable, leurs visages hébétés, leurs expressions égarées comme en ont ceux qui n'attendent plus.

S'il s'était montré bienveillant pour le *Dante et Virgile* de 1822, à la vue des corps allongés sur le sol des *Massacres de Scio* deux ans plus tard, Gros dira voir le massacre de la peinture. C'est qu'au milieu des *Massacres de Scio*, il n'y avait rien qu'un grand vide au fond duquel l'île grecque se termine sous un ciel anglais. C'était Dante et Virgile mais sans Dante ni Virgile, les damnés sans la barque, la scène sans le sujet – cette absence de sujet que l'on reprocha à Delacroix sera reprochée des années plus tard au *Déjeuner sur l'herbe* de Monet ; quarante ans avant Monet, le déjeuner sur l'herbe oriental de Delacroix avait fait pousser des cris.

La réaction violente de Gros devant les *Massacres de Scio* s'expliquerait également par la déception qu'il éprouva après que Delacroix eut refusé d'entrer dans son atelier comme il le lui avait offert. Gros en conçut du dépit et se retourna contre la peinture de celui en qui il avait entrevu une filiation. L'accusation qu'il porta aura dépassé sa pensée – le Phlégias de Virgile et de Dante fut effectivement tourmenté en enfer pour ses accès de colère. Mais du rejet de son offre par Delacroix résulta assurément pour Gros une peine qu'il dut garder par devers lui.

L'année 1824 sera aussi celle de la disparition de Géricault, puis de Girodet, et ces décès, bientôt suivi de celui de David, vont assombrir Gros davantage.

Mort et Géricault

À la fin de janvier 1824, Gros s'était rendu dans la petite église de Notre-Dame-de-Lorette, « dite aussi de Saint-Jean, située alors rue du Faubourg-Montmartre, n° 64 », précise Tripier-Lefranc, afin d'assister au service funèbre de Géricault.

Lorsque Gros lui avait rendu visite quelques jours plus tôt dans sa chambre rue des Martyrs, il avait trouvé Géricault dans l'état que décrit Delacroix dans son journal le 30 décembre 1823. « Il est mourant, sa maigreur est affreuse. Sa tête est celle d'un vieillard mourant. Quel affreux changement ! »

Géricault, qui allait devenir un de ses naufragés, avait présenté le *Radeau de la Méduse* au Salon de1819, l'année où Gros montrait son *Embarquement de la duchesse d'Angoulême*. La mer houleuse de l'océan y prolongeait l'eau verte de la Gironde.

Géricault venait de rentrer d'Italie en novembre 1817 quand parut le récit du naufrage de la Méduse par deux survivants, l'ingénieur Alexandre Corréard et le médecin Jean-Baptiste Savigny[99].

Passionné par l'affaire de la frégate échouée au large de Madagascar, le peintre travaille avec Corréard et Savigny, constitue un véritable dossier, et fait construire par un charpentier une réplique exacte du radeau au moment de son abandon tel que le montre le schéma de Corréard, ingénieur à bord du radeau. L'ancrage dans la réalité des faits, à travers laquelle Flaubert s'acharnera à trouver le beau, a bien servi Géricault chez qui l'allégorie naît du fait divers.

Dans l'église Saint-Roch, Géricault avait vu le grand *Miracle des Ardents* de Gabriel-François Doyen qui l'aura

---

[99] Alexandre Corréard et Jean-Baptiste Savigny, *Naufrage de la frégate La Méduse, faisant partie de l'expédition du Sénégal, en 1816*, Paris, Eymery, 1817

inspiré. Le personnage qui lance sa main en direction de Sainte Geneviève apparue entre les nuages pour sauver les parisiens de l'ergotisme sera celui de Corréard dont le bras tendu signale l'apparition de la voile de l'Argus à l'horizon. Du reste bien des choses dans ce dramatique tableau d'église font de Doyen (1726-1804) un précurseur.

Dans ses études pour l'*Espérance*, premier nom du tableau, la lumière est déjà verte, le ciel est sombre, c'est le ciel du *Déluge*. Et dans ce glauque aquarium, les naufragés dont les membres sont découpés par la clarté lunaire ont la sourde fatalité des *Funérailles de Patrocle* de David.

Car Géricault, venu bien après David, retrouve quelque chose de lui, une source ancienne à laquelle ses élèves n'avaient pas puisé.

Alors que Gros déployait l'éventail de couleurs qui allaient se retrouver sur la palette de Delacroix, Géricault retourne explorer cette veine sombre abandonnée par David, comme une galerie désaffectée à travers laquelle il cherche son chemin à tâtons. Il parcourt des longs couloirs obscurs, pousse les portes vermoulues de salles abandonnées, découvre la fontaine verdie de l'antiquité. Des cadavres antiques y ont les bras qui tombent, les mains accrochent encore des toges, des serments sont restés inachevés.

Dans les *Funérailles de Patrocle*, les corps renversés de Patrocle, d'Hector et des princes troyens ressemblaient à des naufragés dans la tempête de l'Iliade agrippés au bûcher d'Agamemnon qui fait voile. Quarante ans plus tard, sous les nuages menaçants, les naufragés de la Méduse s'évertuent à sortir du cauchemar antique dans lequel les enferment leurs formes néoclassiques. Les planches du radeau font comme les marches qui mènent à l'autel où était assis Achille dont la cape rouge traîne encore sur le radeau tandis que la grande pièce de tissu qui couvrait les degrés antiques trempe dans la mer. La voile de l'Argus s'agitait déjà dans le golfe de Troie. Après l'Iliade sanguinaire, c'est l'Odyssée catastrophique.

Avant de composer le *Radeau de la Méduse*, Géricault était allé revoir les *Sabines* de David et son *Léonidas* resté inachevé dans l'ancienne église du collège de Cluny à l'angle de la rue Victor Cousin et de la place de la Sorbonne.

En compagnie d'Horace Vernet, Géricault ira aussi à Bruxelles rendre visite au peintre exilé que Gros s'efforçait de faire revenir en France.

Sans David on ne peut pas parler de Géricault.

David trouvait déjà qu'à cause de ses côtes trop sorties son Hector pleuré par Andromaque ressemblait à un écorché plutôt qu'à un héro protégé par Vénus. Géricault a effectivement pu sans changement notable convertir le demi-dieu antique en naufragé cadavérique. Mais le Hector allongé à l'arrière du radeau conserve la mémoire de L'École d'où il vient.

Le *Radeau de la Méduse*, c'est l'atelier de David qui appareille.

Glabres et athlétiques, les naufragés de la Méduse sont sur une estrade comme des modèles d'académie. La lumière qui les éclaire est celle de l'atelier du faubourg du Roule, en face de l'hôpital Beaujon d'où les carabins approvisionnaient le peintre en cadavres. Bientôt, Géricault, qui s'était fait raser la tête, ne sortit plus de son atelier qui bientôt ressemblera davantage au véritable radeau que la scène qu'il commençait d'y peindre.

La facture du marchand de couleur Rey, sis rue de l'Arbre-Sec, qui fournissait Géricault en couleurs et lui louait ses services, fut retrouvée entre les pages d'un exemplaire de la biographie de Clément[100]. Elle montre que le vendeur lui avait livré une boîte à couleur à pied, des huiles et un assortiment de

---

[100] Donald Rosenthal, *Géricault's Expenses for The Raft of the Medusa*, The Art Bulletin, 62, 1980, p. 638-640.

couleurs, un mannequin d'homme, de la cire rouge à modeler, des ébauchoirs pour modeler six squelettes en cuivre et, le 24 février 1819, une toile de 22 pieds sur 15 ainsi qu'un châssis à clef en bois de chevron. Il avait fallu quatre hommes pour assembler et tendre le châssis.

Debout sur une table devant la toile de plus de sept mètres de long et cinq mètres de haut, Géricault, concentré, peignait toute la journée en silence. Son aide Jamar doit porter des pantoufles. Car dans cette succursale de la morgue, le peintre vivait avec des enfants : Camp, Jamar, Montfort, qui avec ses dix sept ans fait figure d'aîné. S'il leur arrive de faire un petit bruit, le peintre s'arrête et les toise.

— Une souris m'empêche de peindre, leur explique-t-il sérieusement.

Cependant les rats ne se faisaient pas faute de circuler dans l'atelier où les têtes détachées roulaient sur le plancher et les membres mutilés qu'on lui amenait de Beaujon gisaient pêle-mêle, épars – admis à visiter l'atelier de Géricault, le jeune Delacroix en sortira comme fou, rapporte Piron. Mais si Géricault fait des études réalistes des têtes sectionnées ou des membres qu'on lui apporte, ses naufragés gardent bon teint. Ils ont les membres bien attachés au corps, eux. Élève turbulent mais respectueux de l'école de David, soucieux de briller au Salon après un séjour d'un an à Rome effectué à ses frais, Géricault avait soigné son modelé.

Venu voir la toile à sa demande, Guérin avait complimenté son ancien élève si avide de bien faire. Géricault en avait sauté de joie.

Le 20 août 1819, le marchand de couleurs Rey accompagné de six hommes était allé prendre le grand tableau rue du faubourg du Roule pour le conduire place Boieldieu dans la salle Favart (qu'on appelait alors le Théâtre-Italien) où les toiles étaient rassemblées en vue du Salon. C'est dans le foyer du théâtre que Géricault, voyant sa toile de plus loin, avait constaté un vide dans le coin inférieur droit de sa composition. Sur le vif, il avait ajouté la figure qui pend hors du radeau à demi immergée. Finalement, Rey et ses hommes avaient porté la grande toile au Louvre, où ils l'avaient retendue et vernie.

Une allégorie de Pujol montrant la Renaissance des arts ornait désormais le plafond du grand escalier menant au Salon Carré du Musée Royal où 1615 œuvres étaient exposées en cette année 1819, dont nombre de tableaux historiques et religieux commandés par le gouvernement des Bourbons.

Accroché tout en haut, au désespoir du peintre, sous le titre *Scène de naufrage*, le grand tableau de Géricault fit néanmoins sensation au Salon et obtient une médaille. Mais L'État ne l'achète pas et Rey devra retourner au Louvre détendre le tableau, le rouler après l'avoir couvert de papier. Pour le transport, le marchand de couleurs avait encore fourni à Géricault un cylindre creux de 16 pieds de long, une caisse d'emballage et six toises de corde. Car, roulé dans son cylindre, le Radeau de la Méduse allait traverser la Manche pour être montré au William Bullock's Egyptian Hall de Piccadilly où 40000 personnes iront le voir.

À l'issu du Salon de 1819, ses espoirs soudainement déçus, ajoutés à la fatigue accumulée, et ce que Géricault, en dépit du prix reçu, perçoit comme un échec, l'avaient jeté à bas. À l'arrière du radeau, dans la scène du père qui soutient son fils mort, c'est Géricault lui-même qu'on imagine voir alors, évanoui dans les bras d'un Guérin morfondu, un pansement sali au bras, sa main retombant sur le bois léché d'eau de mer.

À côté de lui, un jeune homme, sa chevelure noire répandue, est abattu sur les planches du radeau, son bras étendu jusqu'à une poutre laissée en travers d'où sa main retombe, son poignet cassé. Il s'agit de Delacroix revenu dans l'atelier du Roule alors que la toile était à moitié terminée et qui avait effectivement posé.

Au bas de la toile, on s'interroge sur la grande figure renversée en arrière que Géricault avait rajoutée à la dernière minute. Couverte d'un voile, suaire ou linceul, sa tête a roulé sur le côté, déformant la bouche, arrachant les lèvres et tirant les paupières, comme la chair qui adhère au linceul du Christ de Sansevero à Naples, classiquement baroque et décomposé comme un sermon de Bossuet.

Car c'est la composition de la décomposition à quoi s'efforçait Géricault. Les cadavres encombrent son œuvre. Leur attribution fait régulièrement l'objet de querelles d'experts penchés dessus comme pour une autopsie. À en croire le catalogue de la vente de son atelier établi à sa mort en 1824, les corps qu'a laissés Géricault derrière lui sont encore plus nombreux que ceux que nous connaissons[101].

Avec la passion du naufrage, Géricault a eu celle du démembrement. Au Louvre, une étude peu académique montre un pied retourné, talon en haut, avec un bras sectionné à l'épaule, entouré d'un pansement et dont la main retombe. Sorte de nature morte humaine, les jaunes parvenus à maturité se rapprochent du noir, le gâté côtoie le livide dans un kaléidoscope de soleil couchant. Derrière, d'autres choses moins distinctes s'ébauchent, puis l'obscurité finit par épargner le regard.

Au démembrement des corps, succédera l'égarement des esprits. Rien de ce qui concerne l'aliénation n'était étranger à Géricault qui semble avoir conçu une passion pour la fixité. Dans le service du docteur Etienne-Jean Georget, aliéniste à l'hôpital de la Salpêtrière où il les peint, les expressions des monomanes, enfermés dans une sauvage solitude dont ils ne sortent plus, sont modelées par l'obsession. Quant aux têtes de suppliciés que Géricault peint sur un drap, elles ont la mort

[101] Lorenz Eitner, *The Sale of Géricault's Studio in 1824*, Gazette des Beaux-Arts, 53, 1959, p. 115-126.

violente marquée sur le visage. Le guillotiné au cou tranché, les joues creusées, salies de barbe, en a encore la bouche ouverte. À sa gauche, une tête de femme, tranchée elle aussi, a roulé sur le côté, et semble dormir sagement auprès de l'époux décapité.

À la morgue de Beaujon, on montrait, paraît-il, un tabouret où Géricault venait s'asseoir pour dessiner. Mais bien des peintres en avaient fait de même avant lui. Cette fatale attraction pour le macabre ne fut peut-être pour Géricault que la recherche de visages à l'expression immuable, telle qu'on en trouve qu'aux frontières du normal et aux lisières du vivant, là où la fixité obsessionnelle des monomanes et le raidissement cadavérique des morts ne cessent de se conformer aux exigences d'immobilité du peintre.

Emporté dans sa vie, fougueux dans son dessin, Géricault s'arrête quand il peint. Soudainement immobile à son tour dans son atelier, le visage coloré par la tension de l'effort, il scrutait le fond des choses qui le fascinait. Après les morts et les aliénés, les animaux lui prêteront leur patience.

Je commence avec une femme, je finis par faire un lion, avouait Géricault. Du reste, la femme apparaît peu chez lui. Lorsqu'il l'a peinte, à Rome, ce n'était que gouachée, festonnée de lune à la lisière de l'obscur, presque de l'obscène.

Plus tard, les yeux étonnés d'une lionne au front pensif lui adresseront des reproches muets, et la crinière d'un cheval sera ramenée sur le côté comme la chevelure d'une jeune fille sortant du bain. Cet animisme animal de Géricault prend le contre-pied de Charles Le Brun et des physiognomonistes de l'époque qui dotaient les visages humains de réminiscences bestiales. À l'inverse, Géricault humanise ses bêtes, surtout le cheval qui l'obsède. Jeune, il est Mazeppa ; vieilli, devenu monomane équestre, il aurait peut-être trouvé sa place dans le service de Georget à la Salpetrière avec les autres aliénés à l'édifice mental désarticulé dont il ne reste que des fragments d'idée devenus fixes comme leur regard – le voleur d'enfant au front triste, le commandant avec sa médaille autour du cou, l'envieuse aux yeux rouges, la joueuse au regard vide.

Mais tel le *Saint Paul* du Caravage brutalement jeté à bas sous sa monture, Géricault chutera de cheval. D'autres accidents suivront dont il mourra à trente trois ans – quatre ans plus tard, au même âge, Georget, qui fut lui-même une sorte de Géricault de la médecine, mourra à son tour, crachant le sang, dans les bras de son maître Esquirol.

Alors que Géricault était déjà bien malade, Lehoux, élève d'Horace Vernet, effectuera une copie de l'esquisse de Nazareth à sa demande. Montfort se souviendra de l'enthousiasme avec lequel Géricault, allongé sur le grabat de sa petite chambre rue des Martyrs, parlait de Nazareth et des grands morts d'Eylau que, sa santé se détériorant, et alité à l'approche de la mort, il avait aussi fait copier.

« Je travaillais dans une petite chambre à côté de la sienne et, lorsqu'il était seul, il m'appeler pour causer », confie Montfort dont les notes apportent de précieux renseignements sur cette passion de Géricault pour les tableaux de Gros[102]. Géricault souhaitait que la copie durât toujours. C'avait été une des dernières fois où s'étaient manifestés chez lui ce que Montfort appelle la conscience de sa jeunesse et le désir de vivre pour réaliser ce qu'il avait en esprit.

Le Radeau de la Méduse ? Une vignette, jugeait-il amèrement. Il se sentait prêt, sinon à peindre la France comme le disait Michelet, du moins à couvrir les murs de Paris de

---

[102] Selon Montfort, Géricault connaissait très bien l'œuvre de Gros, non seulement *Nazareth*, *Jaffa*, *Aboukir* et *Eylau* (surtout les bottes de Napoléon, le cheval noir de Murat, le fond lugubre du champ de bataille avec les lignes de morts tombés à leur rang, précise Montfort), mais aussi *Wagram*, la *duchesse d'Angoulême* et le *général de Lariboisière*.

compositions gigantesques comme il en avait rêvées à Rome lorsqu'il esquissait les courses de chevaux barbares.

Aux murs de sa chambre se trouvaient aussi les copies que Géricault avaient faites au Louvre en 1810, l'*Assomption*, le *Martyre de Saint Pierre* et la *Mise au tombeau* d'après Titien, dont il ne voulut jamais se séparer et qu'il eut sous les yeux jusqu'à la fin.

En explorant la veine antiquisante, Géricault va découvrir d'autres recoins ignorés de l'école de David. Deux éléments issus de l'antique sur lesquels il va reporter ses fantasmes et ses angoisses sont la bestialité et le mur.

Dans le *Marché aux bestiaux* de 1817, où un même sang noir coule dans les veines des hommes et des animaux, il y a deux murs. Le premier, à gauche, sombre, à mi toile, est raccourci par la perspective. Le second, au fond, horizontal et bas, beige et coiffé de tuiles rouges, s'interrompt en marches d'escalier, laissant voir un autre mur, derrière, au-dessus duquel se dresse une petite maison avec, au loin, une montagne verte et bleue sous les nuages qui assombrissent le ciel. Dans ce décor tragique de simplicité, des silhouettes se profilent.

Le Silène à gauche, aux membres d'airain, gourdin en main s'apprête à frapper un fort taureau qu'il tient par une corne et dont une patte tente d'enjamber une barrière basse tandis que, de l'autre, il culbute un des deux courts cylindres à section elliptique plantés au devant de la toile. À droite, un piqueur vêtu de jaune, vert et rouge, lève son bras armé d'une lance, tandis qu'un troisième, nu inexplicablement, se penche sur un chien qui mord férocement à pleine gueule une bête abattue. Derrière, au second plan, une autre bête, rousse et mugissante, est montée par une troisième dont la silhouette noire se découpe sur le mur crème du fond. Plus à droite encore, d'autres cornes, d'autres cris, un autre chien fou.

Dans ce chaos furieux, bestial, les torses sont bosselés, les échines musculeuses, les fanons aux lourds plis sont ourlés sur le poitrail des bêtes. À lui seul, le sourire équivoque de l'animal grimpé sur son congénère ajoute une note de charge érotique et de lugubre jouissance. Ce trait, qui n'apparaissait pas sur le dessin préparatoire, concède d'ailleurs à l'animal un semblant d'humanité dont sont dénués les visages des trois comparses, en partie dissimulés et mangés d'obscurité.

C'est par un tel échange des natures humaines et animales que Goya, qui affublait ses personnages d'oreilles d'âne et de mufles de chien, avait parodié les aspirations des siècles des Lumières. Avant lui déjà, Füssli dans son *Cauchemar* avait fait luire dans l'obscurité l'œil goguenard de petits monstres assis à califourchon sur un lit où glisse une dormeuse. Le *Marché aux bestiaux* manifeste à son tour l'envers d'un décor. Il reflète la psyché tourmentée du jeune peintre sans doute, et l'impérieuse nécessité de se contrôler ; mais c'est aussi l'enseignement antique et classicisant de l'École de Rome, auquel le peintre voue une hostilité déclarée, que réfute cette ténébreuse bacchanale.

Ces éléments subversifs se voyaient déjà dans les peintures faites à Rome.

Dans la *Course* du Louvre on retrouve les éléments du décor du *Marché aux bestiaux*, cylindres des colonnes, pan de mur découpé, avec au loin, la montagne bleue et le ciel dont les nuages se déchirent. Dans la toile de Lille, la scène se passe devant un haut mur au-delà duquel se dresse une colonne isolée. Or, pas plus que dans le *Marché aux bestiaux*, on ne voit pas que ces éléments constituent une architecture plausible.

Le mur de Géricault fait table rase. À l'espace traditionnel, aux monuments de Rome, aux perspectives ouvertes sur les paysages, il oppose un espace mental révélateur de son état d'esprit et de ses ambitions. Sans fonction apparente, ne soutenant rien, ne conduisant nulle part, il est moins l'élément plausible d'un décor que le prolongement d'une mentalité. Absurde comme le seront ceux de Chirico, le mur de Géricault acquiert une fonction existentielle, néantisante. Ce qui est nié, c'est la perspective traditionnelle de l'espace italien, la « construction légitime » d'Alberti. C'est aussi le temps de l'Histoire, que la simplification du décor et des costumes laisse à mi-chemin entre la Rome contemporaine et la Rome antique.

Car les colonnes qui ne soutiennent rien ne sont pas non celles des ruines dont la poésie était étrangère à Géricault. Flanquées derrière les murs des courses ou écourtées en cylindre dans le marché aux bestiaux, elles n'indiquent rien de plus que des formes élémentaires géométriques aux sections elliptiques, des décrochages en équerre, des arêtes saillantes. Placé dans les conditions qui étaient les siennes en cette année romaine, Géricault en quête de renouveau va retrouver ce que les Primitifs italiens avaient découvert avant lui, et dont Cézanne et les cubistes se serviront plus tard, un langage simplifié des volumes et des surfaces par lequel le peintre s'interroge.

Lunatisme

L'année 1824, qui avait commencé avec le décès de Géricault en janvier, se termine avec celui de Girodet en décembre. Aux atmosphères raréfiées des grandes salles de David, Girodet avait substitué des buées, des brouillards, des haleines, premières tentatives par lesquelles, devenu prix de Rome, il avait tenté de s'affirmer en marge de L'École.

Hanté sa vie durant par ce qualificatif de satellite historique de David que finira par lui assigner Baudelaire, Girodet n'avait cessé de vouloir faire quelque chose de neuf, éviter les plagiats comme il l'expliquait à son père adoptif le docteur Benoît-François Trioson, médecin aux armées.

En Amérique avec l'Atala de Chateaubriand, sur la lande écossaise et le Walhalla celtique avec l'Ossian de Mac Pherson, dans le paradis mythologique avec Endymion, en Orient avec les révoltés du Caire, Girodet s'est cherché partout avant de mourir d'épuisement. « Il consumait sa vie en faisant des tableaux », écrit de lui Coupin[103].

Les lueurs astrales le fascinaient. C'est dans une cellule du couvent des Capucines convertie en atelier, la nuit, à la lueur des bougies tenues par ses élèves, qu'il avait peint le *Déluge*. Il y passa quatre ans. On finit par inventer pour lui un système d'éclairage porté par un chapeau chargé de bougies dont il se coiffait pour peindre. Puis ce fut une source lumineuse intense, réfléchie par un miroir incurvé, qui projetait une lune énorme sur la toile à laquelle il travaillait monté sur un marchepied. Plutôt qu'une flamme chaude et caressante, c'était une lumière artificielle, froide, aux reflets métallique, qu'on aurait dit tendue par un arc électrique, presque un néon – une toile de

---

[103] Pierre-Alexandre Coupin, *Œuvres posthumes de Girodet-Trioson suivies de sa correspondance, précédées d'une notice historique*, Paris, Jules Renouard, 1829.

François-Louis Dejuinne montre Girodet peignant *Pygmalion et Galatée* à l'aide de ce dispositif mobile inventé pour lui par son élève et ami Antoine Pannetier. Après avoir dit que cet éclairage valait bien celui du jour, il avait fini par affirmer qu'il était meilleur. Cette clarté lunaire lui devint indispensable ; le lunatisme était dans sa nature.

— Apercevez-vous la lune à travers les nuages pâles ? Prêtez-vous l'oreille à la voix des ombres, portées sur l'haleine des vents ? demande le barde Ossian aux guerriers de Morven[104].

Girodet aurait opiné.

Dans le *Sommeil d'Endymion* qu'il peint à Rome, le laurier écarté par Zéphyr laissait déjà la clarté lunaire baigner l'académie du plus beau des mortels qui n'était plus de celles qui posaient sur l'estrade de l'atelier de David à côté du poêle en fonte.

Ce repos du berger Endymion ne sera pas pour Girodet. Ayant du fuir Rome, réfugié à Naples, pris de fièvres et soigné à Gênes par Gros, l'Italie finira par l'épuiser. De retour à Paris, il s'était lancé dans de grandes entreprises. Cultivé, multiplement doué, dessinant superbement, il peint, compose des poèmes, traduit des odes grecques.

À l'intention de Bonaparte, qui appréciait la poésie gaélique d'Ossian, Girodet composa un tableau montrant les héros français morts au champ d'honneur venus visiter les demi-dieux écossais. Pour les Calédoniens, les ombres matérielles conservaient la forme des morts, et le son de leurs voix. Aussi Ossian qui s'appuie sur sa lance brisée peut-il se pencher pour embrasser Kléber qui tient avec Desaix un trophée d'armes enlevées aux mameluks. Puis viennent les généraux de la Grande Armée, Caffarelli-Dufalga, Marceau, Dugommier,

---

[104] James Mac-Pherson, *Ossian. Poèmes gaéliques*, traduits par P. Christian, Paris, Hachette, 1858.

Hoche, Championnet, Joubert, accompagnés de la Victoire volante qui fait fuir l'aigle autrichien.

En face, suivant la description que Girodet donne de son tableau, Oscar, fils d'Ossian, est aux côtés de son grand-père Fingal; derrière eux c'est le roi de Dunscaïch, la pointe de sa lance brisée, tandis qu'au-dessus du roi de Morven, dont le casque surmonté d'une aile d'aigle brille des feux d'un météore, la foule de ses ancêtres descend des régions les plus élevées de l'atmosphère.

— Ah ça ! Il est fou, Girodet ! se serait exclamé David après avoir vu l'*Apothéose des guerriers français*[105].

Le succès public n'ayant pas suivi, ni les éloges du premier Consul à qui il avait envoyé son tableau à Malmaison, Girodet se retira et se mit au *Déluge*.

Dans la chambre de la grande maison qu'il s'était fait construire et dont beaucoup de pièces restèrent vides, s'entassaient études et dessins, meubles de Boule, vases chinois et armes damasquinées. Mais les murs étaient nus et, épuisé par des nuits de travail, il s'abattait de fatigue sur un mauvais lit après que la chair, exigeante elle aussi, ait eue sa part.

Mais dans le coin inférieur droit de son *Déluge*, les traits confondus avec le fil de l'eau, un être à la beauté androgyne se laisse porter par les vagues vertes et creusées au bas de la toile. Le séisme et les éclairs ne l'effraient pas, le déluge ne l'atteint pas ; il glisse au bas de la toile, indifférencié. Ses traits et ses cheveux se confondent avec le fil de l'eau dans la transparence de laquelle les contours de son oreille se distinguent à peine. Son crâne est oblongue, ses traits sont malléables – dans la série des dessins de Lavater qui joignent le profil de la grenouille à celui d'Apollon, il est à mi-chemin. En le plaçant dans le coin inférieur gauche de sa composition et en ne

---

[105] Etienne-Jean Delécluze, *Louis David, son école et son temps, op. cit.*

dévoilant que très partiellement son anatomie – au contraire du couple en péril si fortement marqué par les attributs sexués de la condition humaine –, Girodet entretient l'ambiguïté d'un être amphibologique à la beauté androgyne, une Ève future dont Balzac fera un héros, et vers laquelle, en dépit de tout son héroïsme, ses batailles, ses clameurs et ses révolutions, le XIXe siècle ne cessera de tendre[106].

Cette androgynisme récuse David, chez qui les personnages masculins et féminins, regroupés dans des régions éloignées de ses composition telle que le *Serment des Horaces*, expriment par des gestes théâtralement mis en scène tout ce qui les opposent : les serments, l'honneur et la guerre d'un côté, les lamentations, les pleurs et la conciliation de l'autre.

Fatigué de vouloir, s'imposant des années durant un rythme acharné de travail, Girodet se sera réservé un coin de son *Déluge* pour se reposer de tous ses efforts, retrouver en lui ce sentiment primitif de l'aisance qui vient du don, de la souveraine fluidité si fortement contrarié par la nécessité dans laquelle il se croyait de torturer son imagination afin de produire des sujets propres à stupéfier le monde.

Au cours de l'enterrement de Girodet le 13 décembre 1824 va se produire une scène révélatrice à la fois de la détérioration de la santé morale de Gros, de l'évolution des arts et de la société en général dont il se sent de plus en plus exclu[107].

[106] Cette androgynisme récuse David, chez qui les personnages masculins et féminins, regroupés dans des régions écartée de la composition, expriment par des gestes théâtralement mis en scène tout ce qui les opposent – les serments, l'honneur et la guerre d'un côté, les lamentations, les pleurs et la conciliation de l'autre.

[107] Cette évolution, ainsi que la réorganisation du système des Beaux-Arts après l'Empire, est bien analysée dans *Le suicide de Gros* de Sébastien Allard et Marie-Claude Chaudonneret, *op. cit.*

Effondré, les yeux rougis, Gros qui avait suivi le pompeux cortège funéraire de Girodet brise soudain les rangs en haut du cimetière du Père Lachaise, et dans des aveux déchirants qui le font tomber en pâmoison au bord de la tombe de son ami, s'accuse d'avoir précipité le déclin de la peinture dont le romantisme s'accentuait.

Revendiquant sur le tard l'héritage de David en exil, lui qui n'avait pas de réel talent pour l'édification par l'antique, Gros reniait au bord de la tombe de Girodet cette poussée fiévreuse qui avait fait son génie.

Cinq mois après celle de Girodet, la mort de Dominique Vivant Denon affecte fortement Gros, qui en qualité de président de l'Académie des Beaux-Arts doit prononcer le 30 avril 1825 un discours de funérailles[108].

Enfin, l'annonce de la mort de David, le 29 décembre 1825, ébranle Gros sur qui pèse davantage désormais le poids de l'héritage du maître.

Gros avait tout fait pour obtenir le retour de David en France. Lors de l'inauguration de la coupole du Panthéon, son caractère émotif l'ayant emporté, il s'était ému de l'absence de David au point que les larmes lui étaient venues aux yeux. Le ministre de la justice, venu complimenter Gros, lui avait promis d'intervenir auprès du roi. Mais l'exilé avait refusé de signer la pétition que Gros avait obtenue pour lui. Une nouvelle tentative échoua, et finalement Gros abandonna. « Ce fut l'un des chagrins auxquels il fut le plus sensible », écrit Delestre.

À la mort du maître, Gros, qui désormais signe Bon Gros, écrit au fils de David qu'il avait connu enfant avec son frère, « En lui, en lui seul, l'école française s'est élevée à la hauteur des plus beaux jours de Périclès. Puissent l'étude des chefs-d'œuvre

---

[108] À la vente Denon, Gros achètera un dessin ayant pour sujet le sacrifice d'Abraham.

et le ressouvenir des grandes doctrines qu'il nous a laissés la sauver de la décadence dont une si grande perte la menace ! »[109]

Contre cette menace, qu'on appelle communément aujourd'hui le Romantisme, Gros allait user ses dernières forces. « Votre dévoué jusqu'à la mort », signait David quand il écrivait à Gros depuis Bruxelles. Mais Gros lui restera dévoué bien au-delà de la sienne.

[109] Justin Tripier Le Franc, *Histoire de la vie et de la mort du Baron Gros, op. cit.*

Correspondances

Honnis par la Restauration, refusés d'entrée au musée du Luxembourg qui ouvre ses portes en 1818, les grands tableaux napoléoniens de Gros, Jaffa, Eylau, Aboukir disparurent de la circulation pendant quinze ans. Ce n'est qu'à l'occasion d'une exposition au profit des révolutionnaires des journées de juillet 1830, dites des Trois Glorieuses, qu'ils refirent leur apparition.

« L'effet fut immense, mais passager », écrit Delacroix qui analyse bien la situation. « On était à la fois trop près et trop loin de l'époque où tant de grandes actions avaient été célébrées part tant de génie : trop près, pour que l'effet du temps ait pu donner à ces peintures l'autorité de style et de caractère propre à les faire admirer indépendamment de la mode ; trop loin, pour que les idées et les sentiments qui avaient contribué au succès du peintre pussent agir dans le même sens sur un public nouveau. » De plus, les toiles de Gros étaient placées trop à l'étroit dans la galerie.

Cependant, parmi les nombreux visiteurs qui se pressent au musée du Luxembourg se trouve Alfred de Musset. Lorsqu'il découvre les *Pestiférés de Jaffa*, c'est une révélation. Le jeune poète réagit violemment aux pestiférés de Gros « accroupis, livides, se traînant aux murailles, se roulant sur la terre pour chercher un coin d'ombre ». Le climat que Musset découvre dans ce tableau, « ... le jour appauvri qui l'éclaire, la demi-teinte brillante qui s'enfonce sous les galeries », l'impressionnera durablement.

Dans deux articles enthousiastes intitulés *Exposition du Luxembourg au profit des blessés* et publiés par le journal *Le Temps* le 27 octobre 1830 et le 1er janvier 1831, Musset décrit les grandes toiles de Gros dont la grandeur déchue lui inspirent des images fortes qui le poursuivront[110].

Les accents de la nouvelle génération romantique à venir se font entendre sous la plume de Musset pour qui Gros « a trempé son pinceau dans les couleurs ardentes d'un ciel empoisonné ». Dans cette « poésie indéfinissable des œuvres d'un même génie, associée aux climats les plus opposés », Musset trouve « la mort sur les sables et sur les flots bleus de l'Orient, et la mort au milieu de la nature morte du Nord ».

— Quel sujet pour un grand peintre ! s'exclame-t-il.

Les flots bleu, c'est Jaffa et Aboukir ; la nature morte du Nord, c'est Eylau. Devant les grands formats de Gros, de l'Orient syrien caniculaire et corrupteur aux grandes étendues gercées de la Prusse orientale, Musset a vu se dresser les vestiges de l'Empire. Six ans plus tard, au moment d'écrire sa *Confession d'un enfant du siècle*, il en saisira la formule : « il n'y avait que des cadavres ou des demi-dieux »[111].

Musset découvrait les *Pestiférés de Jaffa* de Gros réapparu en 1830 dans le Palais du Luxembourg comme Baudelaire découvrira le *Marat* de David, exhumé quinze ans après boulevard Bonne-Nouvelle, et pour les mêmes raisons. Le Marat révolutionnaire n'avait pas été exposé depuis 1792, tandis que les grandes toiles de l'Empire avaient passé les années de la Restauration dans les réserves.

En 1830, Musset voit Napoléon le bras étendu sur le champ de bataille d'Eylau dans « un geste qui dit tout », tandis qu'en

---

[110] Alfred de Musset, *Exposition du Luxembourg au profit des blessés*, Le Temps, 27octobre 1830 et 1er janvier 1831, in *Mélanges de littérature et de critique*, Paris, Charpentier, 1867.

[111] Alfred de Musset, *La Confession d'un enfant du siècle*, volume I, Paris, Félix Bonnaire, 1836.

1846 Baudelaire découvrira Marat, « un bras pendant hors de la baignoire et retenant mollement sa dernière plume »[112].

« Jamais il n'y eut de soleils si purs que ceux qui séchèrent tout ce sang », écrit Musset sur les décombres de l'Empire. « Le soleil s'est noyé dans son sang qui se fige… », rétorquera Baudelaire dans l'*Harmonie du soir*.

C'est que l'époque héroïque des cadavres et des demi-dieux est loin déjà. Après Gros, soulevé par les campagnes de l'Empire au début du siècle, Géricault en proie aux noirs tourments de la Restauration, Delacroix et Byron implorant avec la Grèce sur les ruines de Missolonghi, Baudelaire en quête de modernité devra se contenter de Constantin Guys illustrateur de la guerre de Crimée pour les magazines anglais. À la recherche du « peintre de la vie moderne » des années 1850, il en viendra à feuilleter l'*Illustrated London News* – « Mais je poursuis en vain le Dieu qui se retire », écrira-t-il plus tard dans *Le coucher du soleil romantique* publié dans *Les épaves* à la veille de sa mort.

Pour l'heure, en 1846, Baudelaire vient de quitter l'île Saint-Louis, où il vivait dans l'hôtel Pimodan comme un chat capricieux entouré des ses meubles antiques, ses peintures et ses dettes, et il a commencé d'errer d'hôtel en hôtel. Le peu de succès de son Salon de 1845, ajouté à la décision du conseil de famille de le confier à la tutelle d'un juge l'a conduit dangereusement proche du suicide. Cependant, vêtu d'une redingote noire, « l'habit nécessaire de notre époque souffrante et portant sur ses épaules noires et maigres le symbole d'un deuil perpétuel », il a formé le projet de retrouver l'austère filiation du romantisme comme l'annonçait la couverture de son *Salon de 1845* qui promettait une étude sur David, Guérin et Girodet, « débris inébranlables et invulnérables de cette grande école ».

[112] Charles Baudelaire, *Curiosités esthétiques, op. cit.*

C'est dans le Bazar Bonne-Nouvelle rue Mazagran dans le dixième arrondissement que Baudelaire va retrouver ces débris.

Dans son ouvrage *Tableau de Paris* qui illustre le Paris du milieu du XIXe siècle, Edmond Texier montre l'immeuble du Bazar et en donne une description pittoresque. « Il est surtout une maison facile à reconnaître entre toutes, et qui est comme un poème en six chants, écrit-il[113]. Dans les caves vous trouvez une jolie halle où les gens de la campagne viennent, le mardi et le vendredi, vendre leurs choux et leurs carottes. Le rez-de-chaussée est occupé par un bazar toujours en grande toilette et confortablement chauffé. Au premier étage, un monstrueux estaminet; plus haut, une salle de lecture accompagnée de longues galeries où l'on remarque plusieurs tableaux distingués: un choc de cavaliers, par Delacroix, de charmants pastels de Maréchal et de Tourneux. À côté de ce musée, dans une mystérieuse pénombre, habitait il y a quelque temps encore le prestidigitateur Philippe. »

C'est donc dans ces galeries du Bazar que Baudelaire s'était rendu en janvier 1846 pour une exposition au profit de la Société des Artistes où étaient exposés le *Marat* et les autres débris de David, « ce colosse injurié ».

Baudelaire à aimé David pour son amour du grand uni à l'érudition, son héroïsme, son despotisme même dont l'attraction à toujours été forte sur lui, mais aussi pour une qualité d'enfance qui fut la sienne, environnée des spectres du néoclassicisme que lui avait fait connaître son père.

François Baudelaire, ancien prêtre, peintre amateur et devenu chef des bureaux du Sénat, l'emmenait souvent au jardin du Luxembourg où il avait longtemps habité. Il lui expliquait les statues des reines de France qui forment une ronde silencieuse à la lisière des bois. Le visage dans les

---

[113] Edmond Texier, *Tableau de Paris*, Volume 1, Paris, Paulin, 1852.

feuillages, le regard lointain, les géantes aux genoux énormes ont cette beauté sculpturale un peu froide qu'il recherchera par la suite. Chastes et classiquement voluptueuses, il les retrouvera au Louvre et dans les galeries du Luxembourg sous le pinceau de Guérin et de Girodet, « maîtres hautains et délicats, élèves et continuateurs de David, ce Cimabue du genre classique ». Aussi, pour Baudelaire, en 1846, retrouver la filiation austère du romantisme, c'était aussi remonter à ces lointaines années.

— Andromaque, je pense à vous! s'exclame-t-il dans le premier vers de son poème des Fleurs du Mal *Le Cygne*. De retour dans la cour du Louvre modernisé que venait d'inaugurer Napoléon III, il évoque les vestiges insalubres du vieux Louvre qu'il ne revoyait déjà plus que dans son souvenir : Camp de baraques, tas de chapiteaux ébauchés, blocs verdis par l'eau des flaques, bric-à-brac confus – ainsi sans doute devait se présenter la cour du Louvre à la fin du siècle précédent lorsque les artistes y logeaient encore.

À l'occasion de cette première rétrospective de l'œuvre de David, le public venu au Bazar Bonne-Nouvelle put aussi y redécouvrir les tableaux de Prud'hon, Guérin, Girodet, et saluer le retour d'Ingres. Lors de sa visite de l'exposition, « calme, douce et sérieuse comme un cabinet de travail », Baudelaire va surtout porter son attention sur eux. Mais là se trouvaient également quelques toiles de Gros.

Outre les portrait de Galle, graveur à qui il avait confié l'exécution des médailles de David, et du comte Alcide de Larivalière qui était son élève, trois esquisses de Gros étaient exposées : la *Bataille d'Aboukir*, un *Arabe et son coursi*er, et le *Roi Lear et ses filles*. Shakespeare, source d'inspiration de Johann Heinrich Füssli mais dont l'influence ne s'étendra en France que bien plus tard avec Delacroix, avait déjà inspiré à Gros *Desdémone et Othello* dont il avait fait un dessin à l'encre évocateur du Cauchemar de Füssli, et le *Roi Lear*, une esquisse peinte aujourd'hui perdue. *Le Roi Lear* avait attiré l'œil de Baudelaire qui l'avait trouvé d'un aspect « fort saisissant et fort étrange ». C'est d'une belle imagination, ajoute-t-il dans son *Musée classique du bazar Bonne-Nouvelle* publié par *Le Corsaire-Satan* le 21 janvier 1846, appréciation de valeur puisque pour lui l'imagination était la reine des facultés[114].

Toutefois, Baudelaire n'accorde à Gros et Géricault, faiblement représentés il est vrai, que des « généreux tempéraments » avant de passer à Ingres et s'attarder sur l'absence de Delacroix.

On sait tout ce que Baudelaire trouvera par la suite chez Delacroix dont l'ampleur et la durée de l'œuvre lui permettront d'asseoir ses intuitions premières et d'en tirer une sorte de système de la peinture romantique. Par contraste, seuls des éclairs traversaient les deux courts articles de Musset en réponse aux trois tableaux de Gros. Musset et Gros n'avaient fait qu'entrevoir ce que Baudelaire et Delacroix approfondiront. Ils en furent l'ébauche, l'esquisse rapide ; la fugacité, le contraste et la soudaineté de l'inspiration les caractérisent.

— Qu'est M. Gros ? demande Musset, trente ans avant le « Qu'est ce que Delacroix ? » de Baudelaire.

« Qu'un homme est heureux d'avoir laissé là toutes les querelles d'école et d'académie pour se plonger tout entier dans ses propres impressions ! », résume-t-il dans *Le Temps*.

[114] Paul Mantz, dans *L'Artiste*, notera aussi le *Roi Lear* de Gros qu'il dit plein de couleurs et de sentiment. Mais, pas plus que Baudelaire, il ne donne la description de cette peinture qui aurait permis de vérifier l'hypothèse séduisante de Paul Joannides selon laquelle Gros se serait inspiré du tableau de Füssli sur le même sujet.

Touffeur syrienne, soleil d'Égypte, neige et brouillard d'Eylau : les batailles de Gros seraient ainsi les éléments d'une première série impressionniste. Un impressionnisme historique, ou plus exactement impérial. Et de fait, dans les grands formats de Gros, on retrouve les mêmes généraux sous tous les climats. Les soldats y souffrent sous toutes les latitudes, brûlant de fièvre sur la natte jaunie du lazaret syrien ou gelant de froid sur le sol durci du champ de bataille d'Eylau.

L'Histoire ? Gros la promène au soleil comme une revue éclatante, disait Charles Blanc qui note la polonaise de satin gris de l'empereur à Eylau, la toque de velours ponceau de Murat aussi bien que le cafetas de l'Albanais et ses bottines de maroquin jaune.

Chez Gros, les cravates bouffent, les foulards sont artistement noués, les tignasses moutonnent sur les cols blancs.

— Avez-vous remarqué avec quel sans-façon le chapeau à la française est posé sur les figures de Gros ? demande Charles Blanc.

« Quelquefois ces chapeaux, à y regarder de plus près, ne peuvent tenir sur la tête, dont ils laissent à découvert toute la chevelure ; mais cela ajoute au désordre apparent de la bataille, au tumulte », note-t-il.

Blanc songe sans doute au Combat de Nazareth où le chapeau, le casque, le bonnet de grenadier, le turban des Turcs, renversés, laissent se répandre les tignasses, libres désormais comme la queue des chevaux qui balaient l'air de la bataille.

Nazareth est un tumultueux désordre, une gigantesque chevelure désordonnée qui s'enroule en chignon avec le virage des assaillants. Le pourpre sort de la bouche du cheval abattu qui gît tête-bêche avec le grenadier dont la chevelure se répand elle aussi sur le sable syrien, déployée comme un nonchaloir. Les parfums s'en exhalent comme de la *Chevelure* de Baudelaire.

Car devant les toiles de Gros il nous semble respirer des senteurs : l'odeur de la robe des chevaux trempés de sueur, la fourrure, l'hermine du col, le velours frappé. Et dans Jaffa, cassolette orientale dont la puanteur est à son zénith, circulent des relents d'opium.

L'odeur de Gros, c'est aussi celle, poussiéreuse, de ce grenier du palais de Naples dans lequel était serrée La bataille d'Aboukir que l'on déroulait à même le sol sous les yeux des visiteurs. Autant dire l'odeur même de l'Histoire que celle de cette toile, dépliée dans les ténèbres, sur laquelle les contemporains marchaient pour aller voir un détail tant elle était longue.

Par contraste, chez David, on ne sent rien. Chez Girodet non plus. Et des naufragés de Géricault ne monte pas le puissant remugle qu'on eût attendu du ferment du désespoir. Il faudra attendre Delacroix pour que Baudelaire respire le parfum de mauvais lieu des *Femmes d'Alger* qui le guidera vers les limbes insondés de la tristesse dans son Salon de 1846.

En 1846, Delacroix vient d'achever ses travaux au Palais du Luxembourg, une de ses nombreuses décorations murales dans Paris. Vingt quatre ans après s'être embarqué sur les eaux du Styx dans la *Barque* du Salon de 1822 agitée par les damnés, Dante et Virgile rendent visite à Homère sous la coupole du Sénat.

« Nous n'étions pas bien éloignés de l'entrée de l'abîme, raconte Dante dans son quatrième chant de l'Enfer et que cite Baudelaire dans son *Salon de 1846*, quand je vis un feu qui perçait un hémisphère de ténèbres. Quelques pas nous en séparaient encore, mais je pouvais déjà entrevoir que des esprits glorieux habitaient ce séjour. »

Ce séjour, ils l'habitent toujours. Au sommet de la coupole de la bibliothèque du Sénat, les nuées célestes de Delacroix crèvent le plafond, comme si le poing de Dieu, défonçant la croûte terrestre, avait repoussé les montagnes, troué la grisaille des premiers jours et fait jaillir le bleu du ciel.

Les sujets sont antiques, la couleur est nouvelle. Les Anciens baignent dans une lumière d'aquarium faite de bleu de Prusse, de blanc, et de jaune de Naples vert. Sous les parois convexes de la coupole, la forme narrative épouse le temps odysséen d'un retour à soi, double allusion à Dante et à Homère que Delacroix admirait pareillement.

Sur fond de montagnes vertes, de gazon et de prairies bleues, dans les clairières, les bois d'orangers et autour des lauriers roses – ceux-là même dont s'enorgueillit le jardin du Luxembourg –, les Grecs et les Romains de David évoluent dans une atmosphère renouvelée. Les plis de leurs toges épousent la forme et le mouvement d'une Antiquité qui respire, tandis qu'à la base du dôme à la courbure circulaire que Delacroix a astucieusement assimilée au cercle de Dante les héros s'accoudent négligemment pour voir passer les sénateurs.

— Honorez le sublime poète; son ombre, qui était partie, nous revient, lance Homère à Virgile et Dante qui ont désormais atteints l'Élysée romantique.

Le pilote Phlégias n'apparaît pas sous la coupole de la bibliothèque du Sénat. Sa barque est restée sur les bords du Styx où Gros, son rôle de passeur accompli, est resté avec elle tandis que le génie de Delacroix s'envole.

À l'intérieur de ses tableaux, déjà, le décor disait tout. Les arcades qui se multiplient jusqu'au fond de la salle du château renvoyaient l'écho de la clameur qui précède l'*Assassinat de l'évêque de Liège*. Dans le couvent dominicain de Madrid, la voûte ogivale faisait ployer les épaules de *Melmoth devant l'exorciste*. Mais de 1833 à la veille de sa mort en 1863, Delacroix va progressivement délaisser les Salons de peinture pour s'attaquer aux murailles qui font battre son cœur. Au-delà des tableaux; Delacroix voit plus grand d'abord, mais aussi plus haut, hors d'atteinte.

Partout, les membres sont épais, les épaules robustes, les cous forts, les mains larges, les pieds fortement appuyés. Delacroix, homme fluet et maladif, a doté ses personnages d'avant-bras titanesques et de cuisses jupitériennes. Contorsionnés dans les limites étroites de l'espace restreint du Salon du Roi au palais Bourbon, les nuques ploient, les dos bombent, les jambes se replient ou s'allongent, des corps s'accoudent, se penchent, s'accroupissent, s'envolent.

Dans cet univers plafonné, les allégories se côtoient, les peaux humaines se mêlent a celle des animaux, les couleurs des étoffes à celles des fruits et des lauriers, sur fond de lagons des mers du Sud. Car, non content de donner vie a ses demi-dieux, Delacroix a dû les éclairer dans ce salon sombre où la lumière tombée du plafond repousse les murs dans l'obscurité.

Aux extrémités de la bibliothèque de l'Assemblée nationale, à quinze mètres de hauteur, deux hémicycles se repoussent comme des confins d'univers. D'un côté Orphée vient policer les Grecs encore sauvages et leur enseigner les arts de la paix ; de l'autre Attila suivi de ses hordes barbares foule aux pieds l'Italie et les arts. Entre les culs-de-four incurvés qui se font face, Sénèque se fait ouvrir les veines, Démosthène harangue les flots, Ovide est en exil chez les barbares. Et ce ne sont là que quelques exemples des conflits qui sévissent sur les 20 pendentifs qui ornent les coupoles au plafond de cette salle qui fait quarante-deux mètres de long.

Du reste, toutes les décorations de Delacroix sont des affrontements dont les échos et les couleurs se répondent comme dans les *Correspondances* de Baudelaire.

Au plafond de la petite galerie du Louvre, Apollon festonné de soleil décoche ses flèches au serpent Python qui roule ses anneaux dans les eaux fangeuses du déluge. Dans une chapelle obscure de l'église Saint-Denys du Saint-Sacrement, la Vierge étend interminablement ses bras sur le corps de son fils mort. À Saint-Sulpice, Jacob lutte contre l'ange adossé à la muraille.

Si les décorations murales de Delacroix sont sous le signe de la lutte, c'est non seulement par leurs thèmes mais par les obstacles que le peintre va rencontrer. Son Journal raconte l'obscurité des chapelles à la tombée du jour et l'humidité. Delacroix peignait à même le mur, à l'huile et à la cire selon un mélange qu'il avait mis au point pour ses murailles. La cire vierge raclée et couverte de térébenthine donne une sorte de pommade qui, ajoutée à la couleur produit un ton mat et préserve de l'humidité. Baudelaire qui s'était intéressé à ces mélanges avait écrit a Delacroix pour lui demander des précisions. « Vous m'avez écrit, il y a deux mois, relativement au procédé que j'emploie pour peindre sur mur ; mais je ne savais où adresser ma réponse... », lui répond Delacroix de Champrosay tout en l'assurant de « Mille sincères amitiés »[115].

Delacroix aura beau prendre ses précautions, la couche de peinture travaillait, sécrétait ses humeurs, se nourrissait de germes. Les effets ne tarderont pas à se manifester. « Toute ces peintures aux douces demi-teintes, aux ombres transparentes, sont fortement encrassées », observera Gustave Geoffroy en 1903[116]. « Le *Démosthène*, par exemple, est devenu noir ; l'*Ève* dont la chair était autrefois blonde, est aujourd'hui bitumineuse », déplorera-t-il les yeux levés sous la coupole de la Théologie à l'Assemblée nationale.

Delacroix devait aussi y lutter contre le référendaire et le grand questeur, sans compter les critiques hostiles à son œuvre, mettant d'autant plus d'acharnement que l'opposition qu'on lui faisait était plus forte.

[115] Eugène Delacroix, *Lettres de Eugène Delacroix (1815 à 1863)*, recueillies et publiées par M. Philippe Burty, Paris, Quantin, 1878.

[116] Gustave Geffroy, *Les Peintures d'Eugène Delacroix à la Bibliothèque de la Chambre des députés*, in La Revue de l'art ancien et moderne, volume 13, 1903, p. 139-152.

Mais ces luttes l'épuiseront. La nuit venue, abandonnant finalement l'échafaudage sur lequel il était condamné à se tenir dans des positions pénibles pendant des heures, pâle, exténué, pouvant à peine parler, il se traînait comme s'il échappait à la torture. La maladie le forçait à s'interrompre. « Sans l'injonction de la médecine je n'aurais pas laissé passer tout le beau soleil loin de l'Élysée d'Homère qui me tend les bras au Luxembourg », confie-t-il à Pierret lors de l'été 1842. « Pour m'être forcé à y travailler trop longtemps dans l'obscurité, j'ai eu les yeux en très mauvais état pendant six semaines et je n'en ai pas encore recouvré l'usage comme auparavant. Il me faut absolument le grand jour », se plaindra-t-il à Gisors. Si Delacroix a fait de l'intérieur de la coupole du Sénat un prodige de luminosité c'est aussi que, le soir venu, il n'y voyait plus rien.

De même à l'église Saint-Denys du Saint-Sacrement dans le Marais où c'est la plus obscure des chapelles, celle à droite du portail, qui lui fut donnée à décorer. Au fond de sa *Pietà*, où la montuosité d'une colline donne l'impression d'une vague noire levée jusqu'au ciel, le Christ, affaissé, a les jambes repliées et le torse relevé tandis que la Vierge qui le tient sur ses genoux rejette sa tête sur le côté. Ses deux bras immensément écartés tirent un trait horizontal sur le corps de son fils mort étayé par deux femmes saintes venues de chaque côté[117]. Debout derrière, Joseph et deux disciples se penchent sur ce puits de douleur. « Mer bouleversée par l'orage… sillon profond de mélancolie… », commentera Baudelaire dans son *Salon de 1846*.

Les dessous, mal ébauchés par Lasalle-Bordes, étant restés noirs, Delacroix s'acharnera trente séances durant à relever les tons. Mais il lui fallait des jours de plein soleil pour pouvoir travailler. Mécontent du résultat final, Delacroix abandonnera à son sort le tableau de cinq mètres de long, aussitôt attaqué par

---

[117] Comme sur la *Pietà* du Rosso qui est au Louvre.

la critique. « Figures repoussantes…Madeleine aux yeux avinés… Vierge inanimée, plâtrée, défigurée…corps hideux, putréfié, affreux, qu'on ose nous présenter comme l'image du Fils de Dieu ! », assènera le *Journal des Artistes*, hostile au romantisme (20 octobre 1844).

À ces critiques acerbes, Baudelaire répondra dans son *Salon de 1846* : « La tristesse sérieuse de son talent convient parfaitement à notre religion, religion profondément triste, religion de la douleur universelle, et qui, à cause de sa catholicité même, laisse une pleine liberté à l'individu, et ne demande pas mieux que d'être célébrée dans le langage de chacun, – s'il connaît la douleur et s'il est peintre. »

S'il connaît la douleur et s'il est peintre. Voilà qui nous ramène à Gros.

Ophélie

Vers 1830, Gros menait une vie singulière, retirée. Âpre et fantasque, il passait ses soirées au café en parties de dominos et ses fréquentations n'étaient pas de son monde, écrit Henry Lemonnier[118]. C'était bien longtemps après les faits, mais le contemporain de Gros Étienne-Jean Delécluze écrit quant à lui, « Pendant les dernières années de sa vie, il n'opposa à ces chagrins que les ressources de jouissances purement physiques, dont il fut privé tout à coup »[119]. Dans ces propos façon sibyllins, il faut sans doute voir une allusion à la liaison du peintre avec une demoiselle Simonier qui lui donnera une fille en 1827.

S'il fréquentait assidûment les cafés le soir, des obligations diurnes incombaient à cet officier de la légion d'honneur, membre de l'Institut, professeur à l'École des Beaux-Arts, chevalier de l'ordre de Saint-Michel, et membre du conseil de l'Académie d'Anvers[120].

Ces honneurs lui sont rendus alors même que sa veine créatrice s'épuise, ce qu'il croyait être son devoir ayant tari la source de son inspiration. « Durant les dernières années de sa

[118] Henry Lemonnier, *Gros, biographie critique*, Paris, Henri Laurens, 1905.

[119] La rumeur réfutée par Tripier-Lefranc concerne sans doute la mort précoce de Françoise Simonier, une lingère que Gros avait mise dans ses meubles et dont il avait eu un enfant (Christopher Sells, *The Death of Gros*, Burlington Magazine, 116, 1974, p. 267-270).

[120] À ce sujet, Tripier-Lefranc nous rappelle que, toulousain par son père, Gros était anversois par sa grand-mère, Cécile Vandredael. Il avait terminé son discours de réception à l'académie royale d'Anvers en 1829 en rappelant le souvenir de son aïeule « qui vient de faire encore briller, aux ressouvenir de ma mère, le beau nom d'Anvers ».

vie, il s'efforçait encore de rentrer dans la voie que son aveugle respect pour son maître lui faisait prendre pour la meilleure », explique Delacroix.

Secoué par les coups de boutoirs répétés que lui avait assené David, sincèrement désireux par ailleurs de se rallier à ce qui fut grand et que la montée de l'extrémisme romantique semble mettre en péril, Gros, dérouté, se remet aux classiques. Envers et contre tous, mais surtout contre lui-même, il va s'enfoncer dans une ornière dont ne le sortiront pas les figures mythologiques de ses décorations – dans la salle 9 des Antiquités égyptiennes du Louvre, ne levons pas les yeux au plafond, nous y verrions *Le Génie de la France anime les Arts et protège l'Humanité.*

Là où Delacroix brillera par la conception et l'exécution de ses décorations murales, Gros ne laisse que des sujets antiques et froids, des nus aux chairs roses sur fond bleu. Même Delestre, si dévoué à la mémoire de son maître, convient que le pinceau est parfois négligent, le coloris souvent sans énergie.

Pour l'église Saint-Germain l'Auxerrois, le gouvernement commande à Gros un *Saint Germain montant au ciel* où l'on voit le saint harnaché d'habits épiscopaux, soutenu par un nuage, les bras écartés, s'efforçant de monter au ciel. Le tableau fut finalement mis dans la chapelle du Grand Trianon, d'où Henry Lemonnier dira non sans raison qu'il serait imprudent de l'en faire sortir.

Par contraste avec cet appauvrissement de l'œuvre, l'importance croissante du rôle officiel de Gros le force à assumer les plus hautes responsabilités. Lorsque les cinq académies tiennent leur séance publique annuelle à l'Institut, c'est sous la présidence de « M. le baron Gros, président de l'académie royale des Beaux- Arts ». De sorte que les piques de plus en plus féroces dont l'accable la critique atteignent à travers lui les institutions qu'il représente. Aussi n'est-ce peut-être pas tant à cause des attaques personnelles que Gros en

viendra à envisager le suicide, que parce que, chargé de
protéger les institutions qu'il rendait au contraire vulnérables,
il aura voulu les délivrer de lui-même par sens poussé du
devoir[121].

Face aux attaques, toutefois, Gros rassemble son courage
une dernière fois et prend pour sujet Hercule confrontant le roi
de Thrace, Diomède, dont les quatre juments étaient devenues
folles pour avoir mangé de la chair humaine. En soi, le sujet de
Hercule et Diomède se prêtait bien à Gros que la monstruosité
des chevaux anthropophages ne pouvait que soulever
d'indignation et remuer en lui les sentiments nécessaires à son
inspiration – on devine quels portraits Géricault eut fait de ces
chevaux atteint d'hippomania et courant comme des fous sur
les rives de la Mer Noire.

Par ailleurs, Podargos, Lampon, Xanthos et Deinos – les
quatre monstres de Diomède – ramènent Gros à l'antiquité si
chère à David, non avec les sujets mythologiques des plafonds
du Louvre qui l'avaient laissé froid, mais un thème fait pour
lui sur un terrain solide. La légende veut en effet que
Bucéphale, le cheval d'Alexandre, soit un descendant de ceux
de Diomède, or Gros avait eut pour projet de peindre
Bucéphale dompté par Alexandre, tentative dont témoignait le
furieux dessin fait en Italie que nous avons vu, tout éclaboussé
d'encre.

Gros s'était mis à *Hercule et Diomède* avec ardeur. Alors
que la mièvrerie de *L'Amour piqué par une abeille se plaint à
Venus* avait fait rire les visiteurs du Salon de 1833, les
nombreux dessins préparatoires de *Hercule et Diomède*
annonçaient un tout autre climat, emporté, courroucé, féroce.

[121] L'effet cumulatif de ces conflits est analysé en détail dans *Le
suicide de Gros*, Sébastien Allard et Marie-Claude Chaudonneret,
op. cit.

On y voit l'encolure d'un cheval épouser la cambrure d'Hercule et la torsion de Diomède, littéralement plié en deux dans l'étau des mains du colosse. « La vigueur et la spontanéité du tracé révèlent que Gros vieillissant avait conservé toute la flamme de son génie », a raison d'écrire Daniel Ternois à propos de ces dessins préparatoires[122].

La boucle était bouclée. Gros cassait en deux ses détracteurs et reprenait les rênes de son art – dans la légende, Hercule vainqueur livre Diomède à ses propres chevaux.

Au lieu de quoi, dans le tableau final exposé au Salon de 1835, le cheval est écarté sur le côté et Hercule, au lieu de briser les reins de son adversaire, se tourne sur le côté, incertain.

— Ai-je bien fait ? semble-t-il demander à la dépouille de David restée à Bruxelles.

Au Salon de 1835, Gros avait exposé un autre tableau, le *Portrait de Julian Ursyn Niemcewicz*, homme politique polonais, auteur et ami de Gros à qui il avait rendu service à Florence. Au fond de ce tableau – qui démontre combien Gros, comme David, fut un grand portraitiste–, dans un paysage sombre, sévère et montueux, tel que le décrit Tripier-Lefranc, le regard découvre une croix, « symbole de foi et de douleur, qui ne quitta jamais le patriote polonais ».

Chef-d'œuvre de sentiment et d'expression a raison d'écrire Tripier-Lefranc, la tristesse et la désillusion luttent sur le front et dans les yeux de Niemcewicz avec la détermination et le courage dont il fit preuve dans son combat pour l'indépendance de la Pologne.

---

[122] Daniel Ternois, *Dessins inédits de Gros au musée lyonnais des arts décoratifs*, Revue du Louvre, 1, 1975, p. 23-32. Ces croquis, fouillis d'arabesques où les figures sont difficilement identifiables, illustrent tout à fait ce que Delacroix appelait « l'idée en quête d'elle-même ».

Ce tableau, à la touche lourde comme le cœur de son auteur, fut lui aussi attaqué, et le Salon de 1835 dont Gros avait cru qu'il rétablirait sa réputation sonna le glas de ses espérances.

« Le mauvais succès de cette dernière tentative lui porta le coup suprême ; il se crut tout à fait oublié et presque déshonoré », constate Delacroix.

Bientôt, brisé par le conflit entre ses divinations et le devoir que lui impose la succession de son maître, accablé par les calomnies et la férocité des attaques dont il est l'objet, l'amertume de voir ses étudiants lui préférer Ingres, l'isolement où le maintient la crainte de donner prise à la malveillance, la solitude et finalement le dégoût de soi entraîneront de façon irrémédiable la funeste décision de se donner la mort.

Le 25 juin 1835 au matin, au bord d'un étang de la forêt de Meudon qui est en fait un petit bras de la Seine, on retrouvait le corps du baron Gros vêtu de son uniforme d'Inspecteur aux revues, habit et pantalon de drap noir, gilet de soie noire, bretelles élastiques, chemise à jabot, gilet et caleçon de flanelle, ses bottes à revers recouvrant les jambes par-dessus le pantalon.

La longue chevelure qu'il portait en cascade sur les épaules, retenue pas un ruban noir – mademoiselle Mayer s'en moquait gentiment quand il visitait l'atelier de Prudhon –, flottait dans les eaux de la Seine au milieu des roseaux. Sur la rive, on retrouva son chapeau avec à l'intérieur un mouchoir de poche et une cravate blanche arrangés avec apprêt.

Dans l'instant qui avait précédé l'asphyxie par noyade, à la faveur de ce dernier sursaut de la conscience qui fait se télescoper soudainement tout les événements du passé – ce que Bergson appelle le panorama des mourants –, Antoine-Jean Gros, les cheveux entremêlés et le visage dans l'eau, aura revu le cabinet de tableaux de son père, ses miniatures finement ciselées et les pastels de sa mère, le salon parfumé d'Elisabeth

Vigée-Lebrun, l'atelier de David baigné d'une lumière froide tombée d'un soupirail : la tendresse, la douceur, l'éclat de l'astre de David qui le fascine.

Il n'est pas indifférent que Gros se soit noyé. Inspecteur aux armées de la campagne d'Italie, peintre des batailles d'Aboukir et d'Eylau et de tant de généraux d'empire, chevalier de l'ordre de Saint-Michel, baron de surcroît, on eut attendu de sa part une mort plus virile. Or l'instrument de son suicide ne fut pas la poudre, mais l'eau. Au moment de choisir sa mort, Gros ne s'était pas tourné vers les glaives des Horaces, ni vers le stoïque Socrate de son maître David, mais vers Ophélie qui s'abandonne au fil de l'eau de la rivière pour ce que, dans Hamlet, Shakespeare appelle un vaseux trépas.

À propos du suicide de Gros, on montre souvent à des fins d'illustration un tableau de Jacques-Charles Bordier du Bignon copié de Sapho à Leucate et intitulé *Gros s'élançant dans l'éternité* où l'on voit le baron s'élançant lourdement dans le couchant du haut d'une falaise. Mais *La mort d'Ophélie*, un des sujets favoris de Delacroix, nous semble évoquer davantage le suicide de Gros, non seulement par allusion à sa sensibilité que l'on disait féminine, mais parce que l'eau y occupe la place centrale.

L'eau aura été l'élément de Gros.

Chez David, la polarité entre le masculin et le féminin, qui tend ses toiles comme un arc, s'exacerbe dans un monde d'essence minéral, de dalles, de piliers, de murailles et de roches. L'eau, abondante chez les Anglais, est quasiment absente de son œuvre comme elle le sera de celui d'Ingres. S'il arrive qu'un filet liquide sorte du marbre, c'est selon une trajectoire impeccable qui récuse la fluidité.

Chez Gros, au contraire, dès le début du siècle, l'eau avait tourbillonné aux pieds de Christine Boyer, et c'est vers elle que Sapho s'était élancée du haut de son rocher. Elle avait bouillonné sur le rivage d'Aboukir, tumultueuse de chevaux et de corps repoussés, écumeuse de sang. Elle emportera la duchesse d'Angoulême qui fait ses adieux au bord de la Gironde, puis Thésée au large de l'île de Naxos sous les yeux d'Ariane convoitée par Bacchus, et c'est à elle enfin que Gros allait confier sa vie.

L'ondoiement, le remous, le roulis et la turbulence, animent la peinture et le dessin de Gros. Ses compositions d'Outre-mer sont des eaux en mouvement : le *Combat de Nazareth* est un tourbillon, *Les Pestiférés de Jaffa* est une vague qui se creuse, la *Bataille d'Aboukir* est une vague qui déferle. *Eylau* est prise dans les glaces ; Napoléon s'y fraye un chemin entre des banquises de morts.

Montée à l'assaut d'Arcole sous l'impulsion de Bonaparte, la carrière de Gros suit elle-même la courbe ascendante d'une vague, brillante et irisée à sa crête lorsqu'il peint *Nazareth*, *Jaffa*, *Aboukir*, suivie de résurgences et de rechutes, sur fond de portraits de commande, de sujets antiques ou à prétention mythologique pour aboutir finalement au catastrophique *Hercule et Diomède* qui précipite le suicide du peintre.

« Gros, saisi d'un désespoir incurable, embrasse ce noir fantôme qui l'obsédait, et jette à terre, comme un fardeau insupportable, toute cette gloire, tout ce passé... », constate amèrement Delacroix pour qui le suicide de Gros fut un des événements les plus tristes, et ce d'autant que son annonce n'eut guère de répercussion. « Cette ingratitude fut une douleur de plus pour les amis et pour les admirateurs de Gros; ils ne pouvaient s'empêcher de penser que cette indifférence fatale, longtemps ressentie avant la cruelle résolution, en avait été la principale et funeste cause », ajoute-t-il.

Le cercueil n'en fut pas moins couvert de lauriers, « tardif hommage! faible compensation de tant de douleurs! », termine Delacroix qui, au Salon de cette année 1835 si funeste à Gros, avait exposé *Le prisonnier de Chillon*.

Quinze ans plus tard, Delacroix entreprendra pour le Salon de la Paix à l'Hôtel de Ville ce qui devait être sa dernière décoration : un plafond circulaire sur le thème *La paix vient consoler les hommes et ramène l'abondance*, huit caissons enclavés montrant des divinités, et onze tympans cintrés sur lesquels devaient se dérouler les épisodes de la Vie d'Hercule. Gageons que, au moment d'esquisser *Hercule jetant Diomède en pâture à ses chevaux anthropophages*, Delacroix se sera souvenu des critiques féroces dont fut victime le dernier tableau de Gros. Comme pour venger celui qui l'avait encouragé, qu'il avait longtemps admiré avant de prendre ses distances, Delacroix a fait flamboyer les crinières des chevaux fous qui mordent les chevilles du roi Diomède renversé par un Hercule furieux et léonin[123].

« La mort de Gros m'a fait éprouver une vive affliction », écrira quant à elle Elizabeth Vigée-Lebrun dans ses Souvenirs. « Peu de jours avant de nous quitter sans retour, il était venu dîner chez moi, et je remarquai avec peine qu'il prenait à cœur quelques critiques inconvenantes qu'il aurait dû mépriser. Comme artiste, comme amie, je regretterai toujours ce grand peintre, et le triste souvenir de sa mort violente rend mes regrets plus amers. »

Madame Vigée-Lebrun porte sur le caractère de Gros un éclairage nuancé. Pour l'apprécier, il fallait le voir dans l'intimité, explique-t-elle, car il se plaisait peu dans le grand monde où il faisait preuve d'une certaine rudesse de ton. Mais s'il lui arrivait rarement de parler en présence d'un cercle nombreux, « sa conversation était d'autant plus piquante qu'il

---

[123] Delacroix ne choisira pas finalement cet épisode parmi ceux devant figurer sur les tympans du Salon de la Paix, dont la décoration sera détruite en 1871 par l'incendie de l'Hôtel de Ville sous la Commune.

ne s'exprimait pas comme les autres hommes; il trouvait toujours des images pleines d'originalité et de force pour rendre sa pensée ».

Cette qualité du trait est aussi celle des premiers dessins de Gros que reproduit Delestre dans son livre. De la pointe de sa plume d'enfant Antoine-Jean munit le cheval de fines jambes en aiguille, un pâté fait un sabot ; plus tard, le trait empâté d'encre suffit à dire la cavalcade des chevaux ou l'élégance des attelages qu'il regardait passer au bois de Boulogne.

Parce que le dessin, tel que le pratiquait Gros, supprime la distance entre conception et exécution, il a gardé jusqu'à la fin toute sa fraîcheur. L'idée à peine surgie, elle est sur le papier. Tout de suite, il trouve les traits essentiels, ce par quoi un geste, ou une attitude s'adresse à nous. Même alors que sa peinture s'efforçait péniblement de ranimer l'esprit davidien, comme ce fut le cas pour son dernier tableau *Hercule de Diomède*, son dessin suivait aisément la pente de sa nature.

De la même façon que, peu bavard dans le monde il savait rendre sa pensée en peu de mots, la plume de Gros va tout de suite au fait. Le dessin lui tient lieu d'éloquence.

Au nom de Gros s'attache traditionnellement le titre de baron. Or, ce n'est que tardivement qu'il le fut, quand tout était dit depuis déjà longtemps. Après une carrière marquée par des succès éclatants, puis un reniement de ce qui l'avait fait grand, il ressort des commentaires de son œuvre l'image d'un Gros émotif, dépressif, emporté par des élans suivis de dépression, incapable par ailleurs de maîtriser ses émois et sans force morale. Il lui aura manqué une unité de conception, une maîtrise de ses instincts, une intelligence de ses capacités. « Il ne fallut rien moins que la volonté de Bonaparte pour que Gros ne manquât pas sa vocation », estime non sans raison Delécluze.

« C'est un brillant météore, ce n'est pas un soleil », juge Clément biographe de Géricault. Car la production de Gros n'a pas le poids de celle de Géricault ni l'ampleur de celle de Delacroix. Que la commande qu'on lui passe ne lui permette pas d'atteindre cette région sensible chez lui et sa peinture tombe à plat. « Il tombe tout à fait, s'il ne s'élève aux plus hautes régions », résumait Delacroix en des termes qui évoquent justement une eau agitée.

Cependant, un sentiment émane de sa peinture, reflet d'un bonheur entrevu dont la promesse est contrariée. Comme la lune séparée de la terre entraîne les marées, la sensation d'un manque, de la perte de quelque chose, l'aspiration vers ce qui s'en va meut le monde selon Gros.

Dans un univers régi par la douleur, ces regards qui se cherchent, ces mains qui se tendent, manifestent chez lui une sorte d'attraction universelle de la pitié. Il semble que le monde se soit présenté à lui sur le mode du déchirement, et lorsque le monde se dévoile sous un certain aspect avec suffisamment d'insistance, l'œuvre s'en trouve orienté indépendamment des sujets représentés – envisagé de ce point de vue, l'œuvre n'est d'ailleurs que la manifestation tangible de cette orientation dont la multiplicité des productions répercute le sens sans toutefois l'épuiser.

Chez Gros, on aurait presque pu faire de ce système d'interprétation du monde l'esquisse d'un projet, mais lui-même inabouti, et dont il ne resterait que des fragments épars.

Ces fragments, par-delà le fracas des batailles, sa renommée officielle et les commentaires que suscite sa fin tragique, assurent à Gros ce que Sainte-Beuve prédisait a Senancour : une postérité secrète qui lui est fidèle. Ce dévouement à la mémoire de Gros sourd d'études sensibles où les auteurs sont retournés sur les lieux de ses peintures.

Au fond d'un vallon, le domaine de Lavalette au nord de Montpellier est le cadre réel du portrait de Paulin des Hours qui saisit un oiseau sur fond d'orage. Surélevée, on y aperçoit une grande maison de maître à colonnes, tandis qu'un fleuve s'écoule en contrebas[124]. Mais le bâtiment a été défiguré ; ce n'est qu'une vétuste maison à un étage, aux volets cassés, et dont la façade nue qui fait face à la rivière est bardée de fils électriques.

Dans l'ancien parc du château de Plessis-Chamans, qui fut une résidence de Lucien Bonaparte, non loin d'Ermenonville où dort Rousseau, les eaux coulent encore. Une grotte enfouie dans les feuillages se devine dans les rochers au-dessus d'un bassin d'ou s'écoulait peut-être autrefois la cascade qu'a peinte Gros[125]. Non loin de là, au milieu des pierres, des tiges de fer rouillées sont peut-être les vestiges de l'enceinte du tombeau de Christine Boyer.

Près du port de Jaffa, le monastère arménien aux murs faits de vieilles pierres syriennes existe toujours. Henri Mollaret et Jacqueline Brossollet montrent dans leur étude des clichés qu'ils comparent avec les gravures anciennes des soubassements où s'entassaient les pestiférés[126].

Lorsque Jean-Paul Kauffmann se rendit sur le champ de la bataille d'Eylau (aujourd'hui Bagrationovsk), il y trouva une fabrique d'ordinateurs. Mais le martèlement des chevaux sur le sol gelé résonnait toujours dans les têtes de quelques vieux et

[124] Alain Chevalier, *Le portrait de Paul-François Des Hours de Calviac par Antoine-Jean Gros au musée des Beaux-arts de Rennes*, Revue du Louvre, 3, 1994, p. 55-57.

[125] James Rubin, *La sépulture romantique de Ch. Boyer et son portrait par Antoine-Jean Gros*, Revue du Louvre, 25, 1975, p. 17-22.

[126] Henri Mollaret et Jacqueline Brossollet, *À propos des* Pestiférés de Jaffa *de A.J. Gros, op.cit.*

un instituteur à la retraite lui avait récité des lignes entières du Colonel Chabert[127].

Gros inspire des lieux.

Des fragments de son œuvre restent encore à trouver, ses nombreux dessins en particulier, beaucoup plus nombreux que ceux qui nous sont parvenus comme en témoigne le catalogue de la vente de son atelier.

[127] Jean-Paul Kauffmann, *La chambre noire de Longwood*, Paris, Table Ronde, 1997. L'auteur a récemment repris ce thème dans *Outre-terre : le voyage à Eylau*, Sainte-Marguerite-sur-Mer, Éditions des Equateurs, 2016.

Dernière nuit

La vente après décès d'Antoine-Jean Gros eut lieu au 14 rue des Fossés-Saint-Germain-des-Prés, du lundi 23 novembre 1835 à midi au vendredi suivant, dans l'atelier même du peintre, « au haut des combles de l'ancienne Comédie-Française, malgré les abominables escaliers tournants faits tout exprès pour donner des vertiges et des entorses »[128], rapporte le chroniqueur du Journal des Artistes. L'exposition fut publique les jours précédant le début de la vente.

De nombreux élèves de Gros s'y rendirent, Delestre le premier, ainsi que des amateurs, cousins Pons en quête d'une bonne affaire, sinon Balzac lui-même, mais aussi des officiers qui avaient connu Gros, des anciens d'Italie, peut-être même des vrais colonels Chabert rescapés de l'Empire. Delacroix, qui travaillait alors à la décoration du Salon du Roi au palais Bourbon, et qui a malheureusement interrompu son *Journal* qu'il ne reprendra qu'en 1847, est peut-être revenu en cette occasion dans l'atelier de Gros où il était allé pour la première fois 13 ans plus tôt. Musset, qui a commencé à composer ses *Nuits* sur le modèle de celles d'Young, dont la formule des cadavres et des demi-dieux vient de sortir de sa plume et qui s'apprête à publier sa *Confession*, a peut-être lui aussi gravi les abominables escaliers tournants en traînant son mal du siècle.

Comme c'était la coutume, un catalogue fut publié à cette occasion[129]. Près de trois cent peintures, dessins et lots de dessins sont ainsi recensés dans le *Catalogue des tableaux,*

[128] *Vente du cabinet de feu M. Gros*, Journal des Artistes, Numéro 21, Paris, Société libre des beaux-arts, 22 novembre 1835, p. 322-323.

[129] *Catalogue des tableaux, esquisses, dessins et croquis de M. Le Baron Gros, peintre d'histoire*, Dezauche, Paris, 1835.

esquisses, dessins et croquis de M. Le Baron Gros, peintre d'histoire, ainsi que deux cents antiquités et curiosités que Gros avait accumulées dans son cabinet particulier.

C'était des antiquités égyptiennes, amulettes, figurines en bronze, papyrus et stèles funéraires, des scarabées ornés et même un masque de momie. Outre des plâtres moulés sur l'antique et une copie réduite des frises du Parthénon, des vases venus d'Athènes montraient un génie hermaphrodite, Junon les cheveux au vent, une cassolette à parfums portée par trois taureaux marins, Hercule étouffant le lion néméen ou domptant le taureau crétois; sur une lampe on voyait Achille traînant à son char le cadavre d'Hector. Il y avait aussi des émaux de la Renaissance, des gouaches mongoles, des porcelaines de Chine, des étoffes orientales, des vêtements arabes et turcs.

Dans la catégorie Mélanges du cabinet particulier se trouvaient trois des médailles en argent de Galle que Gros avait fait faire à l'effigie de David. Y figurait aussi le tricorne que Napoléon portait à la bataille d'Eylau, garni d'une cocarde tricolore et dont la doublure de soie grise « paraît avoir été baignée de sueur », note le catalogue.

Des peintures à l'huile de Gros mises aux enchères, la plus importante par la taille était l'esquisse montrant Napoléon en visite au Salon de 1808 et distribuant les légions d'honneur aux artistes. On y voit, légèrement esquissés sur fond uniforme, l'Empereur accompagné de Joséphine, la reine Hortense tenant son enfant par la main, Dominique Vivant Denon, Duroc qui porte la boîte des insignes d'où Napoléon sort une croix pour la remettre à David, ainsi que Girodet, Gros, Prudhon, Carle Vernet, Gérard et Guérin que Jean-Baptiste Delestre identifie à partir d'un dessin de Gros qu'il reproduit dans son livre[130]. C'est au cours de cette cérémonie que Napoléon arracha sa propre décoration pour la planter sur la poitrine de Gros dans un de ces geste incisifs dont il était coutumier – lui non plus ne parlait pas tant.

La deuxième peinture cataloguée, plus représentative de l'originalité de Gros, était *La prise de Capri*.

En octobre 1808, Murat devenu roi de Naples avait décidé de prendre l'île de Capri tenue par les Anglais sous la commande de Hudson Lowe, futur geôlier de Napoléon à Sainte-Hélène. L'esquisse peinte qu'en fit Gros montre les soldats français escaladant la falaise escarpée qui mène au plateau d'Anacapri à trente mètres de hauteur[131]. Pour ce faire, les échelles des allumeurs de lampes de la ville de Naples avaient été réquisitionnées et mises bout à bout. Mais il y a gros temps, les vagues fauchent les échelles et jettent les hommes à la mer.

Tandis qui les grenadiers se lancent à l'assaut de la falaise, les pêcheurs napolitains, torse nus, s'arc-boutent sur leurs gaffes en bois, et Lamarque, aide de camp de Murat que l'on voit en arrière-plan recevant le drapeau anglais en signe de reddition, brandit son sabre et harangue ses troupes. Amalgame d'épisodes en réalité consécutifs, le mouvement d'ensemble de la composition animée d'élans contraires sur fond de paysage contrasté eut néanmoins fait de *La prise de Capri* un grand tableau mouvementé de Gros.

[130] Jean Baptiste Delestre, *Le baron Antoine-Jean Gros: sa vie et ses ouvrages*, op. cit.

[131] La *Prise de Capri* ne fut identifiée comme telle qu'en 1977 par Thomas Gaehtgens, *Antoine-Jean Gros' 'Einnahme von Capri'*, Pantheon, 35, 1977, p. 29-40. Dans un dessin préparatoire on voyait le Vésuve fumant que l'on retrouve à l'horizon de *Joachim Murat, roi de Naples* qui est au Louvre.

Deux scènes, en particulier, qui se jouent au premier plan où les hommes luttent contre la mer, sont des morceaux typiques de lui. À droite, au bas de la toile, un grenadier tombé à l'eau a perdu son bonnet. S'agrippant d'une main à une saillie rocheuse, la bouche ouverte dans un cri, il tente de secourir un autre grenadier qui se noie, les bras tendus vers lui.

À gauche, un pécheur napolitain se jette à demi hors de sa chaloupe pour rattraper un soldat qui a de l'eau jusqu'au visage et que menace d'engloutir la coque d'un autre bateau où un rameur qui succombe tombe à la renverse. Gorge déployée comme l'Albanais sur le rivage de la *Bataille d'Aboukir*, un bras pendu hors de l'embarcation, le Napolitain se retrouve tête-bêche avec le grenadier à la surface de la mer écumeuse.

Cette scène – qui semble d'ailleurs marquée d'une croix entourée d'un cercle noir sur l'esquisse – a valeur de signature de Gros, non seulement en présage de sa propre mort, mais parce qu'elle réunit les thèmes importants de l'eau, de la mort, et du secours des mains.

Après *La prise de Capri*, les commissaires-priseurs de la vente après décès de Gros avaient montré des portraits, dont celui d'Eugène de Beauharnais dans son costume d'aide de camp de Bonaparte, des copies d'*Écho et Narcisse* et d'*Orphée et Eurydice* faites à Gênes d'après Girodet, des études pour la coupole du Panthéon, dont *Clovis et Clotilde*, et un *Christ en croix* de Rubens.

Ce *Christ en croix* de Rubens que mentionne le catalogue est sans doute le *Coup de lance* de Rubens dont Gros brossa en 1805 une esquisse rapide qui se trouve au musée des Augustins à Toulouse – Delacroix le copiera à son tour quarante cinq ans plus tard et en étudiera la technique en détail. Accentués par la vivacité du pinceau, les mouvements s'y enchaînent : son coude levé, le centurion Longin plonge généreusement sa lance dans le flanc du Christ comme le pinceau de Rubens dans sa palette; Marie-Madeleine se jette au pied de la croix les bras en avant ; Jean et la Vierge détournent la tête. Ce qui ajoute encore au dynamisme de la copie de Gros, c'est la coulée de blancheur qui descend le long du corps du Christ et qui atteint Madeleine dont l'élan s'en trouve illuminé[132].

Les dessins d'*Œdipe et Antigone* et des *Bergers d'Arcadie* furent acquis par Jean-Baptiste Delestre, qui montre dans sa biographie de Gros un dessin de jeunesse sur le thème des bergers d'Arcadie où un couple s'enlace à l'ombre d'un sycomore. En face d'eux, gravée sur une pierre tombale, se lit une inscription qui aurait pu servir d'épitaphe à Gros, « Et ego in Arcadia », j'étais aussi en Arcadie.

Parmi les peintures de l'école française se trouvait la copie des *Pestiférés de Jaffa* exécutée par Auguste-Hyacinthe Debay sous la direction de Gros et qui est aujourd'hui à Boston – les couleurs en sont rutilantes, comme devaient l'être celles du tableau de Gros avant que le bitume ne les noircisse. Debay avait aussi fait une copie réduite d'*Andromaque pleurant Hector*, le tableau de David qu'Antoine-Jean avait pointé du doigt cinquante deux ans plus tôt le jour où son père l'avait conduit au Louvre pour lui choisir un maître. Gros conserva toute sa vie cette copie en souvenir de ce moment.

Les dessins de Gros vendus dans son atelier au cours de cette semaine de novembre 1835 comprenaient une étude préparatoire de *La Prise de Capri*, *La mort de Timoléon* – « composition de quatre figures et de la plus grande énergie » –

---

[132] Au revers de la toile est inscrite une dédicace difficilement lisible « à ma bonne femme Clémence Jamont ce 21 mars 1854 ». Jamont ou Junart ? s'interroge le catalogue des acquisitions du musée des Augustins de Toulouse (*Musée des Augustins 1969-1984 : Nouvelles acquisitions*, Toulouse, Ville de Toulouse, 1984). Il doit s'agir de Clémence Carrier, née Jamont, artiste peintre et épouse d'Auguste-Joseph Carrier, peintre miniaturiste, ami de Delacroix et ancien élève de Gros dont il aura acquis l'esquisse à la vente après décès de son maître.

, *Malvina pleurant Oscar sur la harpe d'Ossian*, *Alexandre domptant Bucéphale*, des études pour *Nazareth*, *Jaffa*, *Napoléon plaçant le roi de Rome sous la protection de l'armée*, et aussi *L'incendie de Moscou* de 1813.

Dansantes comme les flammes, les femmes font une ronde infernale dont le mouvement et la fureur tiennent en quelques traits, un fléchissement des têtes, des bras jetés au ciel, des chevelures follement éparpillées. Autour de ce sabbat de sorcières, l'armée est en contre-jour. Ce contraste sur fond de lavis clair, dont David avait habillé ses scènes antiques et que Füssli avait puissamment insufflé à celles de Shakespeare, Gros en avait ramassé l'effet sous les murs de Moscou, autour d'un événement contemporain. Malgré les moyens rudimentaires, l'éclairage est saisissant, et avec Napoléon festonné de lueurs d'incendie le dessin n'est pas sans faire revivre un moment d'Histoire.

Parmi les nombreux dessins ayant appartenu à Gros, dont ceux de David montrant un gladiateur prêt à succomber, Brutus condamnant ses fils à mort et un croquis du *Serment du Jeu de Paume*, se trouvait une étude préparatoire de Guérin pour la *Mort de Priam ou la dernière nuit de Troie*.

Il s'agit d'une étonnante composition de plus de six mètres de long, toute rouge d'incendie, commencée à Paris en 1830 et fort différente d'*Énée racontant à Didon les malheurs de la ville de Troie* de 1817 où Énée détendu contait ses aventures à Didon languidement allongée sur fond de baie de Carthage.

Dans un palais incendié, Pyrrhus s'apprête à trucider Priam qu'il retient par sa couronne de cheveux blanc. Des femmes se précipitent, leurs chevelures dressées comme des crinières de cheval au galop, tandis qu'Andromaque, que l'on retrouve, emporte Astyanax dans ses bras pour fuir le carnage.

« Peins-toi dans ces horreurs Andromaque éperdue », enjoignais Racine dans sa tragédie *Andromaque* dont Guérin s'était inspiré, avec Virgile.

Dans le Bazar Bonne-Nouvelle où il la verra en 1846, Baudelaire trouvera la toile superbe, dramatique et quasi fantasmagorique. « On y voit la Cassandre, les mains liées, et arrachée du temple de Minerve, et le cruel Pyrrhus traînant par les cheveux la vieillesse tremblante de Priam et l'égorgeant au pied des autels », écrira-t-il dans son *Musée classique du bazar Bonne-Nouvelle* – Pourquoi a-t-on si bien caché cette esquisse? y demande-t-il.

Gros aimait ce grand tableau inachevé de Pierre-Narcisse Guérin où l'effroi le dispute à la rage du feu. À la mort de Guérin en 1833, lui-même assailli de toute part, Gros aurait voulu voir flamboyer au Salon cette dernière nuit de Troie, mais les héritiers de Guérin s'y opposèrent. Il lui restait le dessin que Guérin lui aura laissé.

Le catalogue insiste sur la valeur de ce dessin aux crayons noir et blanc d'une dimension très importante, d'autant plus précieux, est-il précisé, que les études de Guérin, léguées à ses amis et élèves, sont excessivement rares.

Ceux de Gros, par contre, ne le sont pas. Outre les dessins individuellement référencés, le *Catalogue des tableaux, esquisses, dessins et croquis de M. Le Baron Gros, peintre d'histoire* ne mentionne pas moins de vingt-quatre volumes de croquis et cinquante lots d'études et fragments. Ces lots étant destinés à être divisés, un nombre considérable d'études et de croquis de Gros furent dispersés.

De sorte que, si la vente après décès de Gros s'acheva en cette fin du mois de novembre 1835, de très nombreux dessins continuèrent de circuler, et circulent encore. Tous sans doute ne sont pas de la qualité d'*Ezzelin* ou du *Timoléon*. Mais lorsque au hasard d'une vente un dessin reparaît, il arrive que l'éloquence graphique de Gros nous émeuve à nouveau. Ainsi à l'Hôtel Drouot en 2002 ce couple enlacé aux chevelures ruisselantes, leurs profils fondus dans une même encre, si parlant qu'il nous semble entendre Antoine-Jean murmurer à la

peinture romantique française qu'il vient de retrouver et qu'il
serre dans ses bras « J'avais entrevu le bonheur. »

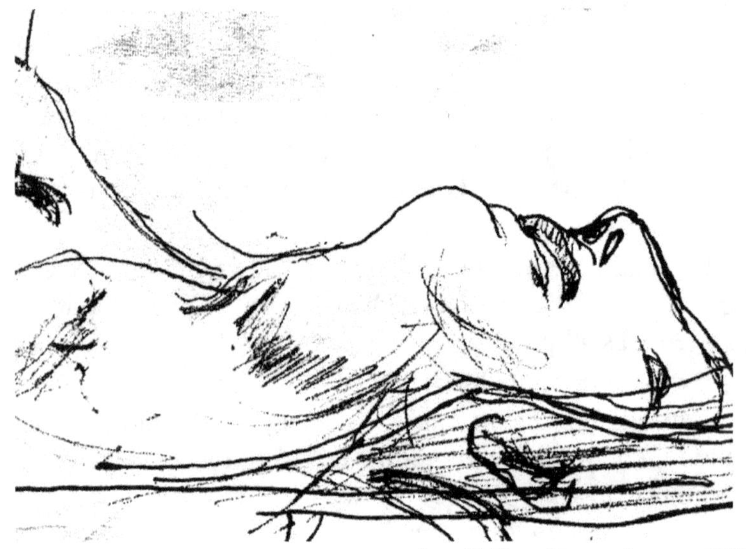

Jean-Philippe Brunet, Louvre, 2008

Parmi les ouvrages et articles consultés

Quelques images sont sur le site
www.cadavresetdemidieux.wordpress.com

Denise Aimé-Azam, *Mazeppa. Géricault et son temps*, Paris, Plon, 1956.

Sébastien Allard et Marie-Claude Chaudonneret. *Le suicide de Gros, Les peintres de l'Empire et la génération romantique*, Paris, Gourcuff-Gradenigo, 2010.

Sébastien Allard, *Dante et Virgile aux enfers*, Paris, Réunion des Musées Nationaux, 2004.

Laura Angelucci, *Antoine-Jean Gros en Italie : deux carnets de voyage au département des Arts graphiques du musée du Louvre*, Revue du Louvre et des musées de France, 59, 2009, p. 60-73.

Charles Baudelaire, *Curiosités esthétiques*, Paris, Michel Lévy frères, 1868.

François Benoît, *L'art français sous la Révolution et l'Empire*, Paris, L.H. May, 1897.

Jacques Benoist-Méchin, *Bonaparte en Égypte ou le rêve inassouvi*, Paris, Perrin, 1978.

Louis-Charles Bizet, *Du commerce de la boucherie et de la charcuterie de Paris*, Paris, Dupont, 1847.

Charles Blanc, *Histoire des peintres français au dix-neuvième siècle*, Volume 1, Paris, Cauville frères, 1845.

Philippe Bordes, *Antoine-Jean Gros en Italie (1793-1800) : Lettres, une allégorie révolutionnaire et un portrait*, Bulletin de la Société de l'art français, 1978 (1980), p. 221-244.

Philippe Bordes, *Jacques-Louis David: Empire to Exile*, New Haven, Yale University Press, 2007.

Philippe Bordes et Régis Michel, *Aux armes et aux arts ! Les arts de la Révolution 1789-1799*, Paris, Adam Biro, 1988.

Jacqueline Bouchot-Saupique, *Deux albums de croquis de la jeunesse de Gros*, Archives de l'art français, XXII, 1959, p. 297-302.

Fernand Braudel, *Le modèle italien*, Paris, Flammarion, 1989.

Yvelines Cantarel-Besson, *Le manuscrit de Montfort*, catalogue de l'exposition *Géricault*, Galeries nationales du Grand Palais, 10 octobre 1991 - 6 janvier 1992, Paris, Réunion des musées nationaux, 1991.

Pierre-Jean-Baptiste Chaussard, *Le Pausanias Français ou Description du Salon de 1806*, Paris, F. Buisson, 1808.

Bernard Chenique, *Géricault : une vie*, catalogue de l'exposition *Géricault*, Galeries nationales du Grand Palais, 10 octobre 1991 - 6 janvier 1992, Paris, Réunion des musées nationaux, 1991.

Ernest Chesneau, *La peinture française au XIXe siècle. Les chefs d'école*, Paris, Didier, 1862.

Alain Chevalier, *Le portrait de Paul-François Des Hours de Calviac par Antoine-Jean Gros au musée des Beaux-arts de Rennes*, Revue du Louvre, 3, 1994, p. 55-57.

Charles Clément, *Géricault*, Paris, Didier, 1868.

Bernard Comment, *Le XIXe siècle des panoramas*, Paris, Adam Biro, 1993.

Isabelle Compin et Anne Roquebert, *Catalogue sommaire illustré des peintures du musée du Louvre et du musée d'Orsay*, Volume 3 : école française, Paris, 1986.

Alexandre Corréard et Jean-Baptiste Savigny, *Naufrage de la frégate La Méduse, faisant partie de l'expédition du Sénégal, en 1816*, Paris, Eymery, 1817.

Pierre-Alexandre Coupin, *Œuvres posthumes de Girodet-Trioson suivies de sa correspondance, précédées d'une notice historique*, Paris, Jules Renouard, 1829.

Thomas Crow, *Emulation : Making Artists for Revoutionary France*, New Haven, Yale University Press, 1995, traduit dans *Atelier de David Émulation et Révolution*, Paris, Gallimard, 1997.

Pierre Daix, *Pour une histoire culturelle de l'art moderne : de David à Cézanne*, Paris, Odile Jacob, 1998.

Dante Alighieri, *La Divine Comédie de Dante Alighieri, traduite en français par M. le chevalier Artaud de Montor*, Paris, Firmin Didot frères, 1859.

G. Dargenty, *Les artistes célèbres, le baron Gros*, Paris, Librairie de l'art, 1887.

David e Roma, Académie de France à Rome, Rome, De Luca Editore, 1981.

Eugène Delacroix, *Gros*, Revue des Deux Mondes, 1848 (rep. in *Œuvres littéraires*, T. II *Essais sur les artistes célèbres*, Paris, ed. Élie Faure, Crès & Cie, 1923).

Eugène Delacroix, *Lettres de Eugène Delacroix (1815 à 1863)*, recueillies et publiées par M. Philippe Burty, Paris, Quantin, 1878.

Eugène Delacroix, *Journal*, Paris, Plon, 1996.

Eugène Delacroix, *Eugène Delacroix à l'Assemblée nationale: peintures murales, esquisses, dessins*, Paris, Assemblée nationale, février-avril 1995.

Etienne-Jean Delécluze, *Louis David, son école et son temps*, Paris, Didier, 1855 ; édition préfacée et annotée par Jean-Pierre

Mouilleseaux, Paris, Macula, 1989.

Jean-Baptiste Delestre, *Le baron Antoine-Jean Gros: sa vie et ses ouvrages*, Paris, Renouard, 1867.

Jean-Baptiste Delestre, *Études des passions appliquées aux beaux-arts*, Paris, Joubert, 1833.

Jean-Baptiste Delestre, *De la physiognomonie*, Paris, Jules Renouard, 1866.

Prosper Dorbec, *La peinture française, de 1750 à 1820, jugée par le factum, la chanson et la caricature*, [2], Paris, Gazette des Beaux-arts, 11, 1914, p. 157.

Lorenz Eitner, *The Sale of Géricault's Studio in 1824*, Gazette des Beaux-Arts, 53, 1959, p. 115-126.

Élie Faure, *Histoire de l'art*, Volume 4, Paris, Crès & Cie, 1921.

Gustave Flaubert, *Correspondance*, première série, Paris, Louis Conard, 1926.

Gustave Flaubert, *Voyage en Égypte*, édition de Pierre-Marc de Biasi, Paris, Grasset, 1991.

Michel Florisoone, *Romantisme et néo-classicisme*, in *Histoire de l'art*, Paris, Gallimard, Bibliothèque de la Pléiade, 1961.

Henri Focillon, *La peinture au XIXe siècle*, Paris, Jules Renouard, 1927 (réédition : Paris, Flammarion, 1991).

Walter Friedlaender, *Napoleon as 'Roi Thaumaturge'*, Journal of the Warburg and Courtauld Institute, IV, 1941-42, p. 139-141.

Thomas Gaehtgens, *Antoine-Jean Gros' 'Einnahme von Capri'*, Pantheon, 35, 1977, p. 29-40.

Gustave Geffroy, *Les Peintures d'Eugène Delacroix à la Bibliothèque de la Chambre des députés*, in *La Revue de l'art ancien et moderne*, volume 13, 1903, p. 139-152.

Pierre Granville, *L'une des sources de Géricault révélée par l'identification d'une radiographie*, Revue du Louvre, 3, 1968, p. 139-146.

Darcy Grimaldo Grigsby, *Extremities: painting Empire in post-revolutionary France*, Yale University Press, 2002.

Darcy Grimaldo Grigsby, *Rumor, Contagion, and Colonization in Gros's Plague-Stricken of Jaffa (1804)*, Representations, 51, 1995, p. 1-46.

Antoine-Jean Gros, *Catalogue des tableaux, esquisses, dessins et croquis de M. Le Baron Gros, peintre d'histoire*, Dezauche, Paris, 1835.

Antoine-Jean Gros, *Vente du cabinet de feu M. Gros*, Journal des Artistes, Numéro 21, Paris, Société libre des beaux-arts, 22 novembre 1835, p. 322-323.

Louis Hautecœur, *Louis David*, Paris, La Table Ronde, 1954.

Werner Hofmann, *Un dessin inconnu de la première époque de J.-L. David*, Gazette des Beaux-Arts, 51, 1958, p. 157-168.

René Huyghe, *La relève de l'imaginaire*, Paris, Flammarion, 1976.

Jean-Marc Idir, *Delacroix Genèse d'un génie*, Cohen&Cohen éditeurs, 2015.

Paul Joannides, *Some English Themes in the Early Work of Gros*, Burlington Magazine, 117, 1975, p. 774-785.

Barthélémy Jobert, *Delacroix*, Paris, Gallimard, 1997.

Henry Jouin, *David d'Angers, sa vie, son œuvre*, Paris, Plon, 1878.

Jean-Paul Kauffmann, *La chambre noire de Longwood*, Paris, Table Ronde, 1997.

Auguste Kotzebue, *Souvenirs de Paris en 1804*, Paris, Chez

Barba, 1805.

Antoine-Marie Chamans comte de Lavalette, *Mémoires et souvenirs du comte Lavallette aide de camp du Général Bonaparte*, Paris, H. Fournier jeune, 1831.

Henry Lemonnier, *Gros, biographie critique*, Paris, Henri Laurens, 1905.

George Levitine, *The Influence of Lavater and Girodet's 'Expression des sentiments de l'âme'*, Art Bulletin, 36, 1954, p. 33-44.

James Mac-Pherson, *Ossian. Poèmes gaéliques*, traduits par P. Christian, Paris, Hachette, 1858.

Pierre Malandain, *Michelet et Napoléon à travers les peintres de l'Empire*, Europe, avril-mai, 1969, p. 253-262.

Luc-Olivier Merson, *Les logements d'artistes au Louvre à la fin du XVIIIe siècle*, Gazette des Beaux-Arts 23, 1881, p. 264-270; 24, 1881, p. 276-288.

Jules Michelet, *David-Géricault - Souvenirs du Collège de France (1846)*, Paris, Revue des Deux Mondes, 138, novembre 1896, p. 241-242.

Jules Michelet, *Histoire de la Révolution*, tome I, Paris, Gallimard, Bibliothèque de la Pléiade, 1952.

Pierre Miquel, *Eugène Isabey, 1803-1886: la marine au XIXe siècle: Volume 1*, Maurs-La-Jolie, Éd. de la Martinelle, 1980.

Henri Mollaret et Jacqueline Brossollet, *À propos des* Pestiférés de Jaffa *de A.J. Gros*, Jaarboek Koninklijk Museum voor Schone Kunsten Antwerpen, 1968, p. 263-307.

Agnes Mongan, *David to Corot: French Drawings in the Fogg Art Museum*, Cambridge, Harvard University Press, 1996.

Alfred de Musset, *Exposition du Luxembourg*, Le Temps, 27octobre 1830 et 1er janvier 1831, in *Mélanges de littérature et de critique*, Paris, Charpentier, 1867.

Alfred de Musset, *La Confession d'un enfant du siècle*, volume I, Paris, Félix Bonnaire, 1836.

Martin Myrone, *Henry Fuseli,* Londres, Tate Publishing, 2001.

Gérard de Nerval, *Voyage en Orient*, Volume 1, Paris, Charpentier, 1851.

David O'Brien, *Antoine-Jean Gros peintre de Napoléon*, Paris, Gallimard, 2006.

David O'Brien, *Antoine-Jean Gros in Italy*, Burlington Magazine, 137, 1995, p. 651-60.

Achille Piron, *Eugène Delacroix: sa vie et ses œuvres*, Paris, 1865.

Christopher Prendergast, *Napoleon and History Painting: Antoine-Jean Gros's* La bataille d'Eylau, Oxford, Oxford University Press, 1997.

Robert Rosenblum, *David's Funeral of Patroclus*, Burlington Magazine, 115, 1973, p. 567-77.

Donald Rosenthal, *Géricault's Expenses for The Raft of the Medusa*, The Art Bulletin, 62, 1980, p. 638-640.

Léon Rosenthal, *Peinture romantique*, Paris, L.H. May, 1900.

James Rubin, *Oedipus, Antigone and Exiles in Post-Revolutionary French Painting*, Art Quarterly, 36, 1973, p. 141-171.

James Rubin, *Gros and Girodet*, Burlington Magazine, 121, 1979, p. 716-721.

James Rubin, *La sépulture romantique de Ch. Boyer et son portrait par Antoine-Jean Gros*, Revue du Louvre, 25, 1975, p. 17- 22.

X.B. Saintine et al., *Histoire scientifique et militaire de l'expédition française en Égypte*, Paris, Denain, 1832-36.

Christopher Sells, *The Death of Gros*, Burlington Magazine, 116, 1974, p. 267-270.

Maurice Sérullaz, *Les peintures murales de Delacroix*, Paris, Éditions du Temps, 1963.

Stendhal, *Promenades dans Rome*, Volume 1, Paris, Michel Lévy Frères, 1858.

Daniel Ternois, *Dessins inédits de Gros au musée lyonnais des arts décoratifs*, Revue du Louvre, 1, 1975, p. 23-32.

Edmond Texier, *Tableau de Paris*, Volume 1, Paris, Paulin, 1852.

Justin Tripier Le Franc, *Histoire de la vie et de la mort du Baron Gros*, Paris, Jules Marin et J. Baur, Libraire de la Société de l'Histoire de l'Art français, 1880.

Rose Valland, *Le front de l'art*, Paris, Plon, 1961 (réédition, Réunion des Musées Nationaux, 1997).

Louise-Elisabeth Vigée-Lebrun, *Souvenirs*, Volume 2, Paris, Charpentier et Cie, 1869 ; édition illustrée, Patrick Weiller, Cohen&Cohen éditeurs, 2015.

Wheelock Whitney, *Géricault in Italy*, New Haven, Yale University Press, 1997.

Edward Young, *Les nuits d'Young*, traduit par Pierre Le Tourneur, Paris, Lejay, 1769.

Table